De l'auteur de *Attitude d'un gagnant*
et *Un recueil de semences de grandeur.*

SAFARI POUR L'ÂME

Un guide de survie, de réussite
et de sérénité, dans ce paradis sauvage
qu'est la vie

DENIS WAIT

Safari pour l'âme
Édition originale publiée en anglais par International Learning Technologies, Inc.,
sous le titre : *Safari to the Soul*
© 2004, Denis Waitley
Tous droits réservés

Éditions GoTopShape
215, rue Caron, Québec (Québec) G1K 5V6
Téléphone : (418) 266-2673
info@gotopshape.com

Traduction : Richard Ouellette
Infographie : Richard Ouellette, infographiste
Révision : Marcelle Boisvert

DIFFUSION
Canada : Édition ADA Inc.
Téléphone : (450) 929-0296
Télécopieur : (450) 929-0220
http://www.ada-inc.com
info@ada-inc.com

FRANCE
Librairie du Québec
30, rue Gay Lussac 75005 Paris
Tél. 01.43.54.49.02 / Fax 01.43.54.39.15
www.quebec.libriszone.com
liquebec@noos.fr

Dépôt légal – 2004
Bibliothèque nationale du Québec
Bibliothèque nationale du Canada

ISBN : 2-923209-03-6

Dédicace

Remerciements

Je tiens à exprimer ma reconnaissance à Calvin et à Louise Cottar. Votre vision pour l'avenir de la terre et celui du peuple que vous chérissez durera des générations. Merci de protéger, de créer et de nourrir le milieu dans lequel vous vivez d'une manière qui donne au mot « safari » le sens de *rentrer chez-soi*.

Merci aussi à notre guide, mon ami de longue date, mon copain et mon frère, John Sampeke, qui a donné vie et tout un sens aux paroles des pages qui suivent.

Un remerciement tout spécial à ma collègue, Heather King, qui a assuré les différentes étapes de l'édition de la version originale anglaise de ce livre et qui a transformé les notes manuscrites de mon journal en un ouvrage que j'estime être digne de mon héritage littéraire.

❖

Les photos utilisées dans cette version française
sont tirées pour la plupart de mon album personnel.

Préambule

Je n'avais pas planifié d'écrire le présent bouquin. Il n'est en aucun cas le fruit de ma consultation d'un groupe témoin, de mon agent ou de mon éditeur en vue de produire un éventuel best-seller qui brise les records de vente. Les bénéfices pécuniaires n'ont pas été un facteur de motivation. Ce livre a tout simplement vu le jour. Dans un sens, il s'est écrit lui-même. Je me sens davantage comme son compagnon de route que son auteur.

Il y a cependant trois éléments déterminants qui, joints ensemble, ont engendré l'environnement dans lequel s'est fait mon cheminement personnel :
- les rêveries de mon enfance ;
- mes rapports initiaux avec mes enfants durant leur prime jeunesse ;
- une épiphanie.

Lorsque, jeune garçon, je grandissais à San Diego, en Californie, durant les années 1940 et 1950, le prix d'entrée était de 15 sous aux salles de cinéma Hillcrest et Roxy ; mes fréquentes visites, les samedis après-midi, ont vu naître en moi les premiers élans de passion et l'appel des grands espaces sauvages. (En réalité, le prix d'entrée au cinéma était de dix sous, les autres cinq sous étant réservés au pop-corn ou à une friandise.)

La projection hebdomadaire y commençait habituellement par un court métrage en noir et blanc de piètre qualité, mettant en vedette Frank Buck, et intitulé *Bring 'Em Back Alive (Ramenez-les vivants)*. On y voyait les expériences pénibles du personnage en question tentant de capturer des fauves d'Afrique qu'il était ensuite tout fier de montrer dans des cages destinées au cirque Barnum & Bailey ou au zoo de San Diego. Déjà à cette époque, je ressentais un certain malaise et beaucoup de tristesse en pensant à ces animaux qui avaient été arrachés à leur vaste savane luxuriante pour devenir les attractions locales, au menu de notre week-end de divertissement.

Toutefois, ma conscience se trouvait alors rapidement apaisée dès que *Tarzan, l'homme singe* suspendu à une liane, faisait son apparition à l'écran, suivi de Garçon, de Jane et de Cheetah le chimpanzé, pas loin derrière. Je vous semblerai sans doute avoir un âge vénérable en révélant le fait que je n'ai raté aucune des prestations des trois acteurs qui ont interprété le rôle du héros à l'époque, soit Buster Crabbe, Johnny Weismuller et Lex Barker. Toutefois, Johnny Weismuller demeurera toujours pour moi le *vrai* Tarzan, qui valait largement les dix sous, je vous assure. Après tout, son cri de Tarzan était le plus authentique, et personne ne pouvait égaler ses prouesses aquatiques quand il venait à bout du crocodile le plus agile de la rivière ou nageait plus vite qu'une pirogue à quatre avirons pleine de braconniers voleurs de diamants.

Le vocabulaire de Tarzan étant plutôt rudimentaire : *Tarzan partir. Garçon rester. Pas suivre moi. Protéger Jane !* C'est sans doute la raison pour laquelle je recherchais des récits d'aventure de plus en plus fabuleuxs, comportant des dialogues plus colorés et plus réalistes. Je crois aujourd'hui que ma carte orange de la bibliothèque publique avait cent fois plus de valeur, pour ce qui concerne le développement de mon caractère, que tout ce que j'ai pu me procurer avec ma carte de crédit de la même couleur depuis. À quel prix peut-on estimer la gamme d'émotions ressenties et d'aventures vécues en imagination tout au long des pages de Jack London, Herman Melville, Ernest Hemingway, C.S. Forester, James Mitchener et Isak Dinesen ?

Vers la fin de mon adolescence, les grands écrans devinrent littéralement saturés de films d'aventures en Afrique, et mes rêves de devenir explorateur ou chasseur de trésors ont été ainsi passablement alimentés à nouveau. Le *remake* de 1950, du film de 1937, *Les mines du roi Salomon* – mettant en vedette Deborah Kerr et Stewart Granger – m'a coûté deux semaines d'allocations de petit-déjeuner parce que je suis allé le voir plusieurs fois de suite. Aussi, en 1952, lorsque je suis entré à la U.S. Naval Academy, à Annapolis, j'eus l'occasion de m'imaginer faisant partie de l'intrigue entre Humphrey Bogart et Katherine Hepburn, dans le film *Reine d'Afrique,* une adaptation du roman écrit par C.S. Forester, que j'avais lu précédemment. Puis, en 1953, l'Afrique me parut de plus en plus l'endroit rêvé où vivre des aventures palpitantes dans des forêts sauvages, lorsque Clark Gable, Ava Gardner et Grace Kelly ont tenu la vedette dans le film à grand déploiement et en technicolor, *Mogambo.*

Toutefois, comme c'est souvent le cas avec les rêves de jeunesse, ma lubie de me faire éditeur de la revue *National Geographic,* ou garde forestier, ou guide de safari photo s'est retrouvée aux oubliettes lorsque je suis devenu pilote d'avion porteur de missiles nucléaires, me faisant catapulter du pont d'un porte-avion de la marine américaine, quelque part au beau milieu de l'océan Pacifique. Mon rêve de devenir expert en nature sauvage a été remplacé par l'appel à défendre notre liberté en tant que nation, en filant à des vitesses supersoniques à bord d'un oiseau de métal effectuant ses folles envolées.

La deuxième étape conduisant à l'inévitabilité de la rédaction du présent ouvrage a commencé à l'époque où mes enfants étaient encore très jeunes. Notre émission de télé préférée était alors *Wild Kingdom (Royaume sauvage),* présentée par la Mutuelle d'Omaha et mettant en vedette Marlin Perkins, qui, bien qu'il zézayait et qu'il avait le crâne légèrement dégarni, faisait preuve néanmoins de beaucoup d'audace. Marlin Perkins était moins téméraire que l'animateur d'émissions nature très populaire actuel, Steve Irwin, le chasseur de crocodiles, mais c'était une autre époque. (La bonne nouvelle est que *Wild Kingdom* a miraculeusement repris l'antenne, et mes petits-enfants et moi nous plaisons beaucoup à regarder cette émission ensemble ; je ressens, en revoyant mes documentaires préférés sur la vie sauvage en compagnie de la génération à venir, une merveilleuse et étrange impression de *déjà vu*.)

Notre foyer était une véritable ménagerie : chiens et chats, hamsters et cochons d'Inde, lapins, poussins, perroquets et tortues. Notre malamute, Kheemo, a complètement bousillé notre magnifique jardin de fleurs et s'est retrouvé dans un ranch de moutons, dans le Wyoming. Les hamsters se sont échappés par les conduits d'aération dans le plancher. Nous avons entendu le bruit de leurs petits pas durant des semaines jusqu'à ce que le temps froid nous oblige finalement à mettre le chauffage. Nous préférons imaginer qu'ils ont réussi à s'échapper dans le jardin avant que la fournaise ne se mette à ronronner. Le chat a avalé les perroquets. Les lapins se sont multipliés si rapidement que la boutique d'animaux a fini par refuser notre offre continuelle de les approvisionner. Et comme cela arrive souvent aux petites tortues, nous les avons finalement retrouvées sur le dos, au fond de leur grotte.

Lorsque les enfants sont entrés peu à peu dans l'adolescence, les garçons se sont intéressés de plus en plus aux sports de contact et aux filles. L'intérêt des filles s'est fixé d'abord sur les chevaux, puis sur les garçons. Lorsque mes filles étaient de jeunes adolescentes, elles partageaient mon amour pour les émissions spéciales du *National Geographic* et pour les documentaires sur la vie sauvage. À cette époque, au début des années 1970, elles m'ont posé une question simple mais directe : « Papa, nous savons à quel point tu adores les animaux sauvages. Quand vas-tu nous emmener en Afrique dans un safari pour que nous puissions admirer ces jolies bêtes dans leur habitat naturel ? Nous détestons le jardin zoologique, papa ! Les pauvres animaux qu'on y retrouve sont comme des prisonniers de guerre paranoïaques qui n'ont aucun espoir de jamais s'échapper et d'obtenir une libération conditionnelle. S'il te plaît, papa, emmène-nous en Afrique. »

« D'accord, c'est promis », leur disais-je alors pour les rassurer, en leur faisant un gros câlin ; puis j'ai vaqué à mes activités habituelles : gagner le pain quotidien, regarder la télé et ensuite, aller au lit. Matin et soir, année après année. Le temps a passé ainsi...

Lorsque j'ai franchi la soixantaine, je me suis dit : « Il faut que je les emmène en Afrique ». Une autre année a passé sans que j'y prête attention.

Sur une période de vingt ans, j'ai écrit quatorze livres non romanesques. Pour moi, ce genre d'ouvrage sur l'actualisation de soi est comme un « travail de trimestre entrepris avec une idée derrière la tête ». En général, pour la majorité de mes livres, je rumine d'abord l'idée dans ma tête durant six mois avant d'écrire un seul mot. Une fois établies les grandes lignes des différents chapitres en fonction du thème central, je m'attaque à l'écriture, qui se prolonge sur une quarantaine de jours et de nuits d'affilée, en y travaillant environ 18 heures par jour. Les seules interruptions sont pour prendre un peu de nourriture et pour satisfaire mes besoins naturels. Je me sens alors comme un ours en hibernation qui souffre d'insomnie. J'aime beaucoup écouter de la musique classique ou semi-classique lorsque je suis en train d'aligner les mots et les phrases à l'écran en tapant sur le clavier. Dans la veine du semi-classique, je raffole de musiques de films telles que *Somewhere in Time, Il danse avec les loups, Le dernier des Mohicans* et *Le roi lion*.

La trame sonore qui m'inspire et me stimule le plus lorsque écrire devient ardu pour moi est celle du film *Souvenirs d'Afrique*. Sans doute avez-vous vu cette production magnifique sortie en 1985 et mettant en vedette Meryl Streep et Robert Redford. Si vous n'avez pas lu le livre, il vous faut absolument vous le procurer. Paru en 1937 sous le pseudonyme d'Isak Dinesen, le roman *Out of Africa* est l'œuvre de Karen Blixen, qui a vécu au Kenya de 1914 à 1931. L'ouvrage est en quelque sorte une lettre d'amour adressée à la contrée qu'elle a considérée comme son *chez soi* durant près de vingt ans ; il renferme l'une des descriptions les plus délicieuses du paysage des collines de Ngong, de même que des animaux et des personnes qui y habitent. Sa maîtrise de la langue est incomparable et, lorsque j'ai lu l'ouvrage en question, j'avais vraiment l'impression que sa prose était de la poésie, à cause de la magnificence avec laquelle elle décrit les migrations des troupeaux et les traits de caractère des habitants de l'endroit qui ont touché sa vie.

J'ai écouté la bande sonore du film des centaines de fois, en rêvant du Kenya, et les années 1990 se sont évanouies. Mes garçons et mes filles ont quitté le nid familial. Ils ont maintenant des enfants. Et nous ne sommes jamais allés en Afrique. Toutefois, il ne faut jamais prendre à la légère une promesse que vous avez faite à vos enfants lorsqu'ils étaient jeunes. Ils ne l'oublient jamais, quel que soit leur âge et le vôtre. Être parent nous lie pour la vie, et pas seulement pour le temps où notre progéniture vit sous notre toit.

Le tournant du siècle est arrivé et j'ai célébré l'aube du nouveau millénaire en compagnie de ma fille aînée, Deborah, et de mon frère, Damon, à proximité du volcan Kilauea, qui est toujours en activité, sur la grande île d'Hawaii. L'année précédente, j'avais emmené mes deux fils, Denis et Darren, en excursion sauvage en Alaska, et j'avais vaguement l'impression que ma fille Dayna, celle qui aime le plus les animaux dans notre famille, se sentait un peu en reste. «Je dois faire quelque chose de spécial pour son prochain anniversaire, au mois d'août», me suis-je alors promis. Mais j'ai rapidement relégué la chose aux oubliettes, et j'ai repris mes activités habituelles – courir çà et là pour rencontrer les échéances, éteindre des feux, etc. –, ce qui semble le lot quotidien de tout un chacun dans la société actuelle.

C'est à ce moment-là que s'est produit l'épiphanie. C'était, sans contredit, une intervention de la Providence, un événement orchestré d'avance, mais je ne le savais pas à cette époque. J'ai été invité à prononcer une allocution devant les membres du conseil, les professeurs et membres du personnel, de même que les anciens étudiants et supporters actifs de la United States International University, à San Diego, qui se nomme maintenant Alliant University. J'y avais poursuivi mes études de doctorat parce que son département de psychologie était parmi les plus prestigieux en Amérique pour tout ce qui concerne le comportement humain. Mon employeur et mentor, le Dr Jonas Salk – qui fut le premier à mettre au point un vaccin efficace contre la polio – m'avait recommandé cette institution, située dans la région de

Scripps Ranch, dans le comté de San Diego, parce que de nombreux savants, comme Viktor Frankl, Herb Otto, William Glasser, S.I. Hayakawa et Abraham Maslow venaient fréquemment y tenir des conférences sur le campus.

Une fois mon discours terminé, on a alors procédé à un encan, en vue d'amasser les sommes nécessaires à une bourse pour une jeune étudiante du campus affilié à l'USIU, situé à Nairobi, au Kenya. Celle-ci était présente à la soirée et au dîner, et j'ai été frappé par son intelligence et son désir d'apprendre. Le dernier élément offert à l'encan consistait en un safari d'une semaine pour deux personnes dans la région fameuse de Maasaï-Mara, au Kenya.

Dès que mes antennes eurent capté l'information, je me suis lancé à fond dans la surenchère, comme un collectionneur d'art qui est prêt à tout pour acquérir un authentique Renoir ou un Van Gogh. Quel que soit le prix avancé par quelqu'un, je faisais aussitôt une enchère supérieure de cent à cinq cents dollars. Évidemment, je remportai la mise, bien que cela m'ait coûté bien plus que ce que j'avais reçu en honoraires pour ma contribution ce jour-là. Je me sentais contraint intérieurement d'agir ainsi. Il m'était offert la chance d'aider une jeune étudiante africaine à poursuivre ses études et, par la même occasion, de réaliser un rêve de jeunesse en prenant part à un safari dans une des contrées sauvages les plus riches et exotiques du monde. Je le désirais tellement que j'aurais vendu ma voiture ou pris une deuxième hypothèque sur ma maison pour satisfaire mon envie ! Et cela me permettait également d'offrir à ma fille Dayna ce cadeau d'anniversaire spécial en l'invitant à m'accompagner, réalisation d'une promesse que je lui avais faite lorsqu'elle était enfant.

Ce que je n'aurais jamais pu prévoir à l'époque était le fait que cet événement particulier allait transformer mon être en profondeur et bouleverser complètement l'ordre de mes priorités pour le reste de ma vie. Ce voyage n'était pas seulement une merveilleuse excursion avec des tas de photos et de vidéos à montrer aux amis et au reste de la famille. Il s'agissait plutôt d'une expérience de voyage que l'on fait une fois dans sa vie et qui conduit au centre même de notre système intrinsèque de valeurs.

L'effet de ce voyage sur mon identité et sur ce que je crois a été d'une telle profondeur émotionnelle, que la chose est devenue un pèlerinage spirituel que je refais chaque année et j'espère poursuivre tant que je pourrai voyager, marcher, observer, écouter et ressentir.

Cela peut sembler étrange qu'un homme qui a consacré la majorité de sa vie à écrire, à donner des conférences et à conseiller les autres sur la réussite et l'actualisation de soi dans les plus grandes villes, centres de conférences prestigieux, stades remplis à craquer et arènes du monde industrialisé, finisse par vivre ses moments de lucidité et de conviction intérieure les plus significatifs et lumineux sous une tente, au beau milieu de la savane des collines du Kenya, en Afrique de l'Est. Sans doute est-ce en restant bien tranquille à n'écouter que le battement de mon propre cœur, seul son humain émanant de l'immensité de la Mara, que je suis devenu plus attentif à la musique et aux soupirs de mon âme – centre de l'être que nous visitons si rarement, sinon jamais, parce que nous sommes pris dans l'engrenage des urgences de la vie quotidienne.

Je vais donc entonner ce chant intérieur pour vous, lecteur, avec le désir sincère qu'en terminant ce livre, vous aurez envie de sourire, de caresser un être cher, de ralentir le rythme de votre propre voyage, et que vous vous sentirez davantage connecté non seulement au passé et au futur, mais aussi à ces trésors précieux et simples qui se trouvent dans le moment présent et qu'aucune somme d'argent ne peut acheter. Je garde la conviction, tandis que j'avance dans l'été indien de ma propre saga, que la vie consiste en une série de souvenirs que l'on accumule durant une brève période de temps. Parfois, nous sommes si obnubilés par la poursuite des choses matérielles, que nous courons de toutes nos forces vers la ligne d'arrivée sans prêter aucune attention au paysage qui nous entoure le long du chemin.

Je souhaite que cette modeste contribution de ma part vous inspire et vous pousse à vous arrêter quelques minutes, ou des heures, pour contempler davantage de couchers de soleil et de ciels étoilés, à demeurer étendu dans l'herbe haute et à sentir la brise dans vos cheveux tandis que vous observez le parcours des nuages là-haut, dans leur voyage sans fin. Venez avec moi en Afrique et je vous montrerai ce dont je parle.

PROLOGUE

RÉFLEXIONS DE
LA PREMIÈRE NUIT

Les pensées qui me sont venues sous la tente...

Pas l'ombre d'un monument de métal et de verre.

Pas d'arche dorée ni de bourdonnement incessant
de carburant fossile se consumant,
les êtres humains, tels des fourmis automates
rampent le long de leurs sentiers de béton
et font l'aller-retour vers leur douillet cocon
en forme de moule à biscuit.

Ils cherchent nourriture, distraction, et le sens des choses.

Il n'y a que l'étendue et le silence de la savane,
son étonnant écosystème
aussi loin que l'œil nu peut voir
et que l'oreille peut entendre.

De temps en temps, la tranquillité est soudainement
interrompue par les sons perçants de l'appel du clairon,
par le glapissement nerveux du zèbre
ou les proclamations gutturales du lion,
à la présence et à la domination royale.

Et le bêlement irritant de cette procession
sans fin de gnous sauvages
rappelle le combat de la vie et de la mort,
et la synergie des millénaires qui se succèdent.

De ce paradis sauvage d'Éden,
la région de Maasaï-Mara au Kenya,
nos ancêtres lointains ont émigré
avec les troupeaux.

Coexistant en harmonie avec tous les êtres créés,
ils ont chacun leur part à jouer
dans le grand orchestre du Maestro.

Ici, sous ma tente,
je projette une ombre de trois mètres sur le canevas
qui ondule dans le vent d'août
à la lueur de la lampe à kérosène.

Armé seulement de mon journal et d'un stylo,
je suis sous la protection d'un jeune guerrier maasaï,
qui se tient là, à l'extérieur, fidèle sentinelle,
jusqu'à ce que cette sinistre nuit
au beau milieu de l'Afrique de l'Est s'achève enfin.

J'ai commencé à griffonner des souvenirs
et des observations faites dans cette aventure.

Mon propre safari pour l'âme.

CHAPITRE UN

Le safari appelé la vie

Liste des consignes à cocher :

❑ Apprendre de ceux qui m'ont précédé.

❑ Voyager léger ; ne pas m'encombrer de bagages inutiles.

❑ Bien me préparer et m'attendre à l'imprévu.

❑ Plus j'apprendrai, moins j'aurai peur.

❑ Ralentir, observer et écouter.

❑ Respecter le milieu dans lequel je vis.

❑ Laisser mon ego derrière.

❑ Prévoir, innover, me débrouiller.

❑ Faire preuve d'optimisme ; demain n'existe pas encore.

❑ Faire la collection de souvenirs au lieu de babioles.

❑ Prendre plaisir au voyage.

❑ Célébrer la vie entière, pas seulement la mienne.

Le Kenya, considéré par certains comme l'Éden des origines, est le paradis perdu de l'humanité, où durant des millénaires, nos ancêtres ont vécu en harmonie avec tous les êtres créés, et par voie de conséquence, avec eux-mêmes. La région de Maasaï-Mara, où mes safaris se sont déroulés, constitue un assemblage de majesté et d'innocence qui se reflète dans la grande variété de formes de vie qui s'y trouvent – animaux, oiseaux, insectes, végétation, de même que les membres des familles tribales. Tout ce qui s'appelle Création se retrouve là, vivant dans l'ordre naturel orchestré par le Maestro, dans un équilibre par rapport auquel seuls les humains férus de technologie du monde industrialisé ont cherché à se dissocier, préférant un style de vie étriqué et pressé, et compliqué par l'élément additionnel du sentiment de leur propre importance qui les caractérise et qu'ils considèrent comme leur privilège. Dans la société moderne qui est la nôtre, les humains se trouvent aliénés de leur passé et coupés de leur héritage naturel.

Au cours de mes safaris, j'ai finalement compris que les notes gribouillées dans mon journal, les photos et les vidéos, se révélaient insuffisants pour rendre témoignage de mes nombreuses visites dans ce paradis sauvage, et combien il était difficile de décrire la manière dont le passé demeure vivant dans le présent.

Je croyais que je savais à quoi m'attendre. Les agents de voyage avaient répondu avec empressement à chacune de mes questions. Des amis avaient partagé avec moi leurs expériences et ce qu'ils avaient pu observer dans d'autres régions de l'Afrique. Les présentations spéciales du *National Geographic* et de la chaîne de télé spécialisée Discovery Channel m'avaient donné un bref aperçu du paysage du Kenya et de ses habitants. Mais rien, en réalité, ne vous prépare à la vie en Afrique de l'Est. Quoi qu'on vous en raconte, ce pays est entouré d'un profond mystère; il demeure énigmatique à plus d'un égard et se prête facilement à de fausses interprétations. Les questions les plus terre à terre révélaient l'ampleur de mon ignorance: «Qu'en est-il de la chaleur? Quels sont les vaccins à recevoir, et la quinine suffit-elle contre la malaria? Quelle est la situation actuelle en Somalie quant aux activités terroristes? Et qu'en est-il des lions? Court-on le risque qu'un fauve maraudeur nous traîne hors de notre tente pour nous dévorer dans la nuit?»

J'ai rapidement compris que notre campement de safari offrait d'avantage de sécurité que le centre de n'importe quelle grande ville là où j'habite. Assurément, une bonne préparation et le fait de choisir une société de safaris digne de confiance ont leur importance. Lorsque je parle de ce à quoi je m'attendais en arrivant sur les lieux, je ne fais pas référence à la logistique ou à la sécurité. Je parle plutôt de l'effet émotionnel considérable qui résulte d'une telle expérience.

Rien ne peut vous préparer à l'Afrique de l'Est. C'est vraiment trop fabuleusement extraordinaire en termes d'envergure et de bourdonnement d'activités – un éventail de vie plus vaste et plus vraie que dans n'importe quel autre endroit au monde –, de sorte que l'expérience réclame un nouvel ensemble de repères émotionnels, ou la redécouverte de ceux qui sont demeurés enfouis au plus profond de votre subconscient, comme les fossiles des dinosaures.

De nombreux auteurs, dont je fais partie, ont écrit des ouvrages qui traitent de la réussite en utilisant un langage qui insiste davantage sur le voyage comme tel que sur la destination. Nous nous inquiétons du fait que, plutôt que de rechercher les trophées à accrocher au mur ou les couronnes de fleurs comme récompense ultime dans le cercle des vainqueurs, nous ferions bien mieux d'apprécier davantage la diversité de la nature, de réfléchir à notre propre responsabilité en ce qui la concerne pour ce qui est du maintien de l'harmonie en synergie avec elle, et de prendre le temps de sentir le parfum des fleurs le long du chemin. Mes voyages au Kenya ont gravé cette sage vérité au plus profond de mon âme.

La plupart des gens vivant dans les pays développés souffrent de myopie en ce sens qu'ils sont si obsédés par l'atteinte d'objectifs en vue de leur bien-être personnel qu'ils ne remarquent pas la beauté du paysage qui les entoure. Nous nous donnons du mal et nous accélérons le rythme de nos pas comme si la vie était une compétition où chacun doit être le premier à franchir la ligne d'arrivée plutôt qu'une expérience à savourer et à prolonger le plus longtemps possible. Pourtant, nous passons l'essentiel de notre vie à chercher la preuve tangible et matérielle que notre existence a de la valeur et qu'elle est spéciale en comparaison de celle des autres.

Pour vivre une vie qui compte, il serait peut-être sage de contempler la réalité de notre propre insignifiance personnelle et d'en être époustouflé quant à l'incroyable symphonie naturelle que le Maestro, notre créateur, a orchestrée tout autour de nous.

La région de Maasaï-Mara, au Kenya, constitue un univers et un style de vie dont on revient transformé. Une fois de retour à la maison, plus rien ne nous semble pareil et tout est perçu d'une manière totalement différente. Nous connaissons déjà les expressions suivantes : *moment de vérité, expérience d'illumination intérieure* et *sentiment religieux*. Or, il suffit de passer quelques jours dans ce paradis sauvage pour y perdre votre identité et vous en façonner une toute nouvelle. C'est ce qui se produit lorsque vous vous abandonnez complètement aux éléments qui vous entourent de sorte qu'ils ne sont plus distincts de vous, mais qu'ils semblent désormais faire partie de votre être pour le reste de votre existence.

Je préfère voir la vie comme une *manière de voyager* au cours d'un safari mystérieux exigeant le meilleur de nous, où le sentier vers le ciel ou l'enfer est éclairé au quotidien par les choix que nous faisons, les gestes que nous posons et notre manière de réagir, minute après minute. Le mot *safari* provient de l'arabe ancien et a acquis le sens de «ce qui se rapporte au voyage». Je vais donc puiser dans mes brèves expériences en Afrique de l'Est pour élargir le sens du mot *safari* à un voyage vers l'illumination, que chacun de nous entreprend en vue de saisir la richesse et la source de notre propre existence.

Plusieurs des pays industrialisés ont fini par croire à tort que les expressions «niveau de vie» et «qualité de vie» sont des synonymes. À mon avis, il y a une différence entre les deux, aussi grande que le continent africain.

Le niveau de vie est la somme d'argent que vous avez à dépenser. La qualité de vie est la manière avec laquelle vous utilisez votre temps.

Au-delà de certains aspects élémentaires, les deux expressions sont à l'opposé l'une de l'autre en termes de signification réelle. La réussite, dans la perspective d'Hollywood, de Madison Avenue, de MTV et de ESPN (portails Internet consacrés au divertissement) est souvent associée à la célébrité, à la richesse et à la poursuite des plaisirs. La télé-réalité n'est rien d'autre que l'affirmation de ce qui est à la mode du jour, c'est-à-dire la recherche du plaisir sensuel dans l'immédiat et le désir de s'y vautrer sans vergogne. Nous semblons être obsédés par les valeurs résumées par l'expression ambiguë suivante : *profondément superficiel*. Notre attrait pour tout comportement bizarre, affecté et provoquant, a pour résultat chez la plupart un manque presque total de réflexion, d'intimité et d'enrichissement culturel mutuel. Alors que la mode devrait imiter la vie, c'est la vie qui suit la mode, de nos jours. Il semble que nous ayons appris bien peu du passé puisque l'histoire se répète sans cesse à la manière des grands troupeaux de l'Afrique de l'Est, qui refont chaque année leur sempiternelle migration en quête de nourriture et d'eau.

Les pharaons de l'ancienne Égypte étaient obnubilés par la chose, eux aussi, et ils gaspillaient des milliers de vies humaines – génération après génération de leurs loyaux sujets – pour voir ériger les pyramides, dont la fonction était de montrer ainsi, d'aussi loin que pouvait porter le regard, l'évidence de leur toute-puissance en tant que leaders, et pouvoir accumuler dans un lieu sûr les richesses qu'ils avaient acquises en vue de leur voyage dans l'au-delà. Personne ne leur avait parlé du caractère « ici et maintenant » de ces biens, et ils nourrissaient même l'idée narcissique qu'ils pourraient utiliser leur corps embaumé et momifié au deuxième tour de piste.

La recherche de l'éternelle jeunesse ressemble au mirage trompeur qui nous fait apercevoir une nappe d'eau dans un désert chaud et aride. Notre soif d'en posséder le secret altère notre champ de vision et trompe le regard. La jeunesse et la réussite sont des états d'esprit, et elles devraient être perçues de l'intérieur, en tant que valeurs inscrites au fond de l'âme, plutôt qu'affichées à l'extérieur. Dans nos sociétés modernes, cette aspiration à l'immortalité se fait sentir surtout dans le domaine physique. Nous faisons appel à toutes sortes de notions, de potions, de lotions ; au laser, au scalpel et à la liposuccion ; on nous découpe, polit, refaçonne par chirurgie esthétique, on nous pique ou nous siphonne pour masquer toute trace d'âge sur notre corps vieillissant dans l'espoir futile de défier la gravité et de contrer l'œuvre du temps.

Chez nous, les gens croient qu'il est possible de contrer la nature. Dans un safari en Afrique de l'Est, vous comprenez enfin l'impossibilité de la chose. Comme vous êtes entouré des formes de vie les plus abondantes et variées existant encore sur la planète, vous êtes également confronté à la réalité de la mort.

Les luttes pour la vie et la mort sont omniprésentes en Afrique. Si le zèbre avait tourné à droite plutôt qu'à gauche, il serait toujours en vie. Si le gnou avait traversé la rivière Mara trente minutes plus tôt, les crocodiles n'auraient jamais profité de ce festin. Ce qui est vrai dans le royaume sauvage l'est tout autant dans notre monde civilisé. La vie, quel que soit le lieu où elle se déploie, demeure un don et elle reste pour toujours soumise aux choix que nous faisons et au hasard, de même qu'au cycle continuel du bourgeon qui fleurit, se fane et redevient semence à nouveau. Si un tel n'avait pas emprunté cette autoroute à ce moment, il serait toujours parmi nous. Si ces gens n'avaient pas pris tel

avion ou n'étaient pas entrés dans tel édifice, ou fait tel choix, les choses
seraient bien différentes. Les « si » et les « peut-être » nous poussent continuellement à imaginer ce qui aurait pu se produire en rétrospective, mais de telles
considérations embrouillent notre champ de vision.

Une fois revenu de mon safari, je sentais que j'avais acquis la capacité
d'accueillir n'importe quoi, incluant la réalité de ma propre mortalité. Cela
révèle combien profonde avait été cette expérience pour moi, et combien elle
pourrait l'être pour vous, si jamais vous choisissez de quitter votre zone de
confort pour entrer dans celle de Maasaï-Mara, au Kenya.

Dans la plupart des cultures comme la nôtre, la réussite a toujours été
associée à l'abondance de biens matériels, à la célébrité et au statut social. Je
me plais à décrire notre tendance à vouloir constamment montrer aux autres
la richesse que nous avons accumulée comme un *complexe de l'édifice*. Bien
des gens essaient de suivre l'exemple des pharaons en consacrant leur vie à
ériger des monuments qui témoignent de leurs succès. Et lorsque leur vie arrive à son terme, il se produit en général une prise de conscience qui les amène
à conclure que les souvenirs heureux ont nettement plus de valeur que les
richesses ou symboles de pouvoir qu'ils ont acquis. Plus souvent qu'autrement, ces biens provoquent d'âpres disputes entre héritiers affamés ou sont
vendus à l'encan, ou dans une vente-débarras pour une somme dérisoire.

---

*Une des leçons les plus importantes que j'ai apprises au cours
de ma vie est que la valeur du temps que j'ai passé avec ma
famille est inestimable comparée aux sommes faramineuses d'argent que j'ai dépensées pour eux. Ce que vous déposez dans le
cœur et l'esprit de vos enfants est infiniment plus important que
les biens matériels que vous leur laisserez en héritage.*

Le fait d'emmener mes enfants et mes petits-enfants dans un safari en Afrique
est l'une des expériences les plus exaltantes de toute ma vie. Je n'échangerais ces
jours et ces nuits uniques pour rien au monde, pas même pour la fortune ou la
célébrité qui font l'envie de la majorité des gens. Si vous interrogez mes enfants
et mes petits-enfants, je suis persuadé qu'ils seront du même avis.

Si jamais vous venez en Afrique pour participer à un safari, laissez votre cellulaire à la maison. N'apportez pas votre mallette remplie de projets à terminer. Voyagez léger. Et par-dessus tout, ne faites pas comme la majorité des touristes : ne surchargez pas votre horaire et maintenez la planification au minimum.

Ce n'est pas le nombre de photos à montrer à vos amis et à la famille qui compte. C'est d'ouvrir tout grands les yeux et les oreilles et de faire un avec le territoire et avec ses habitants.

Simplifiez votre itinéraire. Prenez le temps de vous imprégner du milieu. Ce n'est pas vraiment une question de combien de choses vous arrivez à entasser dans une journée ou dans une semaine. Ralentissez et prenez conscience de ce qui se passe en vous. Admirez les merveilles qui se présentent à vous. Un safari n'a rien d'une course. C'est plutôt une expérience au cours de laquelle le temps semble s'arrêter pour vous permettre de découvrir ce qui est vraiment significatif dans ce voyage appelé la vie. Si vous vous y engagez de la bonne manière, vous serez transformé, comme ma famille et moi l'avons été.

CHAPITRE DEUX

Le campement de safari des Cottar de style 1920

J'ai mentionné précédemment que je n'avais aucune idée de ce qui m'attendait en Afrique de l'Est. C'était également vrai pour ce qui est du forfait safari que j'avais acheté au cours de l'encan-bénéfice au profit de la jeune étudiante kenyane. Tout ce que je savais, c'est que Calvin et Louise Cottar avaient offert une semaine de safari pour deux personnes sur leur site de campement sauvage, dans la région de Maasaï-Mara, au Kenya, comme contribution à une bourse d'études à l'Université de Nairobi.

J'ai choisi la dernière semaine d'août pour le voyage, qui coïncidait avec l'anniversaire de ma fille Dayna, le 25 du mois. C'était là un cadeau spécial que je lui avais promis alors qu'elle avait neuf ans, il y a plusieurs décennies de cela. Lorsque ma fille aînée, Deborah, a appris la nouvelle de la bonne fortune de sa sœur, elle a utilisé tous ses pouvoirs de persuasion, auxquels nul père ne peut résister, pour pouvoir se joindre à nous, en me rappelant que j'avais promis d'emmener la *famille au complet* en Afrique. Après discussion, notre groupe s'est fixé à cinq participants. Mes deux filles, leur mari et moi, le papa. Cette situation me faisait sourire en pensant qu'à notre retour mes autres enfants me harcèleraient sans doute pour que je les emmène aussi là-bas, puis ce serait mes petits-enfants, dont la plupart avaient déjà atteint l'âge où ils peuvent se rappeler et apprécier ce genre de festin pour les yeux. C'est pourquoi la chose est devenue une sorte de tradition pour notre famille, un pèlerinage que nous faisons chaque année. Tant que le papa demeurera lucide, capable de se déplacer et qu'il aura accumulé des tas de kilomètres-bonis pour ses fréquents déplacements en avion, le safari de style 1920 chez les Cottar sera prévu au programme, année après année. Jusqu'ici, dans ma vie, j'ai été béni par un optimisme exubérant, une curiosité infatigable, des dénouements pour la plupart heureux et une quantité inouïe de bonne fortune. Je n'aurais pu être plus privilégié que d'être celui qui a offert la plus haute mise pour le safari des Cottar.

Jusqu'à ce que notre groupe arrive sur le site du campement, je n'avais aucune idée du fait que le nom des Cottar figure en haut de la liste des sociétés offrant des safaris en Afrique, cumulant plus de quatre-vingts années d'expérience transmise de génération en génération. La tradition des *Safaris Cottar* a commencé en 1919 avec Charles Cottar, qui fut assisté dans l'entreprise familiale par ses fils Bud, Mike et Ted, durant les années 1920, 1930 et 1940.

Après mon premier safari, j'ai fait quelques recherches – mieux vaut tard que jamais – sur la famille Cottar et j'ai appris, dans l'ouvrage bien connu *White Hunters (Chasseurs blancs),* que le clan des Cottar est considéré comme la première famille ayant formé une société de safaris. En lisant sur la vie de Charles Cottar, j'avais l'impression d'être en présence de quelqu'un de la stature de Teddy Roosevelt. Dans sa jeunesse, Charles mesurait plus de 1,80 m, il était musclé et intrépide, et animé d'un esprit d'aventure semblable à celui des astronautes et des explorateurs polaires du millénaire actuel. Il était l'exemple type de l'homme appréciant la vie au grand air. Il jouissait d'une force extraordinaire et a fait preuve d'un courage sans réserve lorsque, après avoir été malmené plus d'une fois par un léopard, il a finalement étouffé le fauve à mains nues et a porté les signes tangibles de son intrépidité sous la forme de cicatrices et d'une paralysie partielle du côté gauche.

Les premiers Cottar ont apporté de nombreuses contributions innovatrices à l'industrie des safaris, que nous tenons pour acquises, de nos jours. Ils ont été les premiers à utiliser des véhicules motorisés, les premiers également à réaliser une production cinématographique couleur en Afrique, et sans doute les premiers aussi à apprivoiser des petits guépards abandonnés, des léopards, des chiens sauvages, des chimpanzés et des hyènes au pelage rayé, comme animaux de compagnie. Ils ont servi de guide et organisé les expéditions de safari les plus connues pour George Eastman, Martin et Olsa Johnson, le duc et la duchesse d'York, et la reine-mère d'Angleterre.

Au cours des années 1950, 1960 et 1970, le camp était dirigé par le fils de Mike, Glen, assisté de sa femme, Pat. En 1964, les Cottar ont établi le premier site de campement permanent sous la tente pour touristes en Afrique, dans la région du parc Tsavo. Depuis les années 1990, la tradition des Cottar s'est poursuivie et s'est raffinée sous le leadership du fils de Glen, Calvin et de sa femme, Louise. Avec la création de leur concept unique des campements safari sous la tente, ils se sont taillé la réputation enviable de société de safaris la plus sophistiquée et la plus authentique, pour ce qui est de recréer une ambiance s'apparentant au style *glamour* des safaris de l'époque, de même que la plus sérieuse, pour ce qui est du respect des questions environnementales et écologiques.

Au fil des décennies, la famille Cottar a assisté, impuissante, à la lente détérioration de la qualité des safaris organisés au Kenya, au fur et à mesure que les opérateurs sacrifiaient l'exaltation à l'état pur au profit de la commodité, des intérêts des groupes organisateurs et des questions de budget. Dans bien des cas aujourd'hui, les safaris sont devenus une expérience de voyage à l'itinéraire surchargé, se limitant à la visite de parcs aux noms prestigieux, mais surpeuplés de touristes, lesquels sont entassés dans des baraques avec cafétéria, où des minifourgonnettes et des minibus se suivent sur des routes poussiéreuses encombrées n'offrant que de rares possibilités d'apercevoir et de prendre en photo un lion, une girafe ou un éléphant à une distance de 30 à 200 mètres.

Tandis que les véhicules à quatre roues motrices tout équipés et presque neufs dans lesquels nous nous déplacions naviguaient à travers des endroits souvent inhospitaliers et dangereux – parfois à des distances de soixante à cent vingt kilomètres de notre campement –, il nous arrivait de croiser un de ces minibus ou minifourgonnettes bondés de touristes faisant route sur un sentier battu, dont le chauffeur nous demandait : « Alors, avez-vous aperçu des lions aujourd'hui ? » Le guide attaché à nos personnes souriait alors et leur recommandait un endroit sûr, à un ou deux kilomètres au tournant de la route, où, à l'aide de jumelles ou d'une lunette d'approche, il serait possible de les admirer tout à loisir.

Par courtoisie, il ne mentionnait jamais que nous venions de passer une heure confortablement assis, au milieu d'une troupe d'une vingtaine de lions, à regarder les lionceaux s'amuser, à moins de un mètre de distance, en tirant sur une corde que nous agitions comme on le fait avec un bout de laine pour un chat. Comme nous pouvions aller aux endroits inaccessibles aux minibus, nous ne voulions pas nous vanter d'avoir la chance de nous promener à loisir dans la jungle de Mara, comme si nous faisions partie des troupeaux migrateurs eux-mêmes.

Nos excursions sauvages n'auraient pas pu être plus excitantes et nos balades ne ressemblaient à rien de ce que nous avions vécu ou ne vivrons jamais. Il existe plusieurs sociétés de safaris hors du commun desservant la Réserve faunique de Maasaï-Mara qui offrent des excursions de marche ou des séjours sous la tente, et d'excellentes excursions à bord de véhicules motorisés. Pour moi et ma famille, toutefois, le site de campement des Cottar nous a paru si unique et spécial que nous en reparlons chaque fois que nous nous réunissons pour des vacances ou une activité quelconque, et nous mourons d'envie d'y retourner à la première occasion.

Il est tout à fait évident que les Cottar ne sont pas dans ce genre d'aventure pour une question d'argent. Quoiqu'il vaille la peine de mentionner qu'ils ont été désignés comme la meilleure des petites sociétés travaillant dans le secteur du tourisme pour l'ensemble de l'Afrique, et qu'ils ont remporté la palme d'or au cours du premier congrès SMME de la meilleure entreprise en Afrique, qui s'est tenu récemment à Johannesburg, en Afrique du Sud, pour le sérieux de leur gestion financière, la qualité, l'intégrité, la responsabilité sociale dont ils font preuve et pour l'apport à la communauté en général. Il vaut la peine de faire la connaissance des Cottar pour pouvoir mieux mesurer ce qui les anime et les motive.

Calvin et Louise Cottar œuvrent à la protection et au maintien d'un mode de vie précieux sur le territoire qu'ils chérissent. Il ne s'agit pas là pour eux d'une affaire, mais la chose constitue plutôt l'essence même de leur être.

Selon le magazine *Travel and Leisure (Voyages et loisirs),* les Cottar sont les « Kennedy de l'industrie du safari en Afrique de l'Est ». Je n'ai pas mis dix minutes à comprendre, au cours de notre première rencontre, que la description semblait tout à fait juste. Et j'ai compris aussi pourquoi ils n'ont nul besoin d'offrir des gratuités aux journalistes ou aux agents de voyage dans l'espoir de s'attirer une clientèle lucrative. Leur réputation repose simplement sur le bouche à oreille dès que leurs invités rentrent à la maison.

En un mot, Calvin et Louise Cottar sont inoubliables. Calvin est grand, svelte et il dégage un certain charme un peu sauvage; il affiche une sorte de confiance paisible et a la capacité désarmante de vous accueillir chaque fois comme si vous étiez un ami de longue date. Louise est d'une beauté radieuse, elle dégage beaucoup de chaleur et de grâce, et on peut admirer l'empreinte de ses dons artistiques et de ses talents de créatrice un peu partout dans ce campement de style 1920, que le couple a construit lui-même, contribuant ainsi pour une part importante à l'héritage familial et à l'engagement de longue date de chacun de ses membres à la conservation de la vie sauvage.

Pardonnez-moi de me montrer si enthousiaste à l'égard des Cottar. Ils ne sont aucunement au courant de mon grand désir de parler d'eux dans le présent ouvrage et se montreront sans doute embarrassés, et peut-être même un peu agacés par mes louanges non sollicitées. Toutefois, examinez avec moi les faits suivants : imaginez que vous ayez eu, comme moi, le privilège d'offrir la plus grosse mise à un encan de charité sur un voyage de rêve dans un lieu exotique et que vous ayez tenu pour acquis que cette aventure serait unique. Sans plus de recherche, j'ai pris part avec mes filles à une excursion qui se trouvait être un cadeau et une surprise pour l'une d'elles. En fait, la seule recherche que j'ai effectuée concernait le meilleur moyen de voyager jusqu'au Kenya et ce qu'il fallait prendre avec moi. J'étais si heureux à l'idée de me procurer les billets d'avion que je n'ai même pas pensé à explorer davantage le site Web des Cottar pour obtenir un peu plus d'information que la liste des vêtements à apporter. La règle d'or d'un safari au Kenya est que moins vous avez apporté de choses avec vous, plus agréable sera votre séjour. Étant l'un des utilisateurs les plus fréquents du transport aérien en Amérique du Nord, et cela depuis plus d'une trentaine d'années, je nourrissais l'illusion de voyager léger, emportant le strict minimum, jusqu'à ce que j'arrive au campement avec un sac Louis Vuitton, un sac de marin en cuir et un fourre-tout, pour découvrir que les Cottar offraient le service de lessive, même au beau milieu de la brousse. Heureusement, car j'avais omis d'emporter du Woolite (pour laver les lainages) pour mes sept paires de sous-vêtements griffés Calvin Klein !

Vous n'avez besoin que de vêtements sports adaptés au climat plutôt chaud le jour (25 à 30 °Celsius) et frais la nuit (15 à 20 °Celsius), de bonnes bottes de randonnée ou des souliers de marche, quelques tee-shirts, des bas, des sous-vêtements, un chapeau, un appareil photo, des jumelles et un sac fourre-tout pour y mettre vos vêtements, ne dépassant pas 25 kilos une fois rempli, et un sac en bandoulière pour les articles de toilette et la caméra.

Ce que je suis en train de dire, en fait, c'est que je me suis lancé dans ma première expérience de safari sous la tente, sans y faire trop attention. Lorsque j'y pense, je tremble à l'idée que j'aurais pu me retrouver entassé dans un minibus avec un groupe de touristes impatients de type A en provenance de New York, s'apprêtant à passer les prochains jours et les prochaines nuits dans six gîtes différents, avec l'espoir de capter sur vidéo les «cinq gros» animaux sauvages du haut d'une montgolfière, et que je n'aurais jamais su qu'il y avait une autre alternative vraiment différente. Combien de lieux avez-vous visités où vous auriez envie de retourner chaque année en vacances pour le reste de votre vie? Sans doute très peu, j'imagine. C'est pourquoi faire la connaissance de Calvin et Louise Cottar me semblait une gratification appréciable.

Calvin, un Kenyan de quatrième génération, a grandi dans la brousse et il a appris son métier avec son père, Glen, et avec Bajila, le pisteur de son père. Lorsqu'il était adolescent, Calvin a débuté sa carrière dans la brousse comme guide et il accompagnait les clients au cours d'excursions et de randonnées organisées à partir du gîte familial, sur le territoire de Mara. Puis il a passé cinq années en tant que chasseur professionnel en Tanzanie et il est revenu au Kenya pour fonder une société de gestion de la faune offrant différents services aux propriétaires terriens de la région. En 1993, il s'est joint à la société Kenya Wildlife Service, travaillant à établir cinq associations de district pour aider les propriétaires à acquérir les droits de gestion sur la faune de leur région. En 1995, Calvin est revenu au sein de l'entreprise familiale pour mettre sur pied le projet d'un site de campement de safaris sous la tente selon le modèle des années 1920.

Louise Cottar est née en Angleterre et elle a fait son premier voyage au Kenya en 1989, dans le cadre d'études supérieures en commerce international. Après avoir complété son diplôme de maîtrise, elle a occupé différents postes de gestion en Europe et elle a choisi de s'installer de manière permanente en Afrique en 1994. Pionnière et aventurière à sa façon, Louise a relevé un défi important en acceptant la mission de coordonnatrice d'un programme spécial des Nations Unies en Somalie, l'un des pays les plus instables et dangereux, spécialement si vous y vivez en tant que jeune femme. Ce faisant, elle s'est méritée une réputation d'excellence et d'ingéniosité et elle ne s'est jamais dérobée à ses responsabilités, malgré les risques personnels énormes auxquels elle était confrontée au quotidien. Ceux qui connaissent bien Louise la comparent à une Karen Blixen des temps modernes, l'auteure de la saga *Out of Africa*.

Les Cottar font souvent la navette entre leur résidence familiale située à Karen (nommée d'après Karen Blixen), dans la banlieue de Nairobi, et leur campement de style 1920, de même qu'à leur propriété qu'ils appellent Bushtops, dans la région de Maasaï-Mara, où ils passent beaucoup de temps. Leurs deux fils adolescents, Danni et Jasper, qui fréquentent Pembrooke House, une très bonne école privée située à Gilgil, dans le secteur de Rift Valley, au Kenya, attendent toujours impatiemment les vacances. Il n'est pas inhabituel alors de les voir accompagner leur papa en excursion ou en balade et démontrer le même instinct que lui pour ce qui est de repérer les animaux sauvages et de les suivre à la trace, un don qui court dans les gènes de la famille et dont l'usage est encouragé par l'éducation familiale.

Au cours de mon plus récent safari chez les Cottar, j'ai eu l'agréable surprise de faire la connaissance de leur fillette Charlie, qui, bien qu'encore une enfant, est la plus charmante des « garçons manqués habillés en dentelle » que j'aie jamais rencontrée et qui semblait parfaitement à l'aise au milieu de la brousse. J'ai hâte de la revoir pour constater combien elle aura changé, de même que sa petite sœur, qui n'est encore qu'un bébé, puisque Charlie aura atteint ses trois ans lorsque ce présent ouvrage verra le jour ; et sa petite sœur sera prête à faire ses premiers pas lorsque je reviendrai pour mon prochain safari avec mes autres enfants.

Au début de notre tout premier safari, ma famille et moi avions passé la nuit à l'hôtel Serena, à Nairobi, après le long trajet des États-Unis jusqu'au Kenya, afin de pouvoir bien nous reposer et nous préparer pour l'aventure qui nous attendait. Nous tenions pour acquis que le vol intérieur de quarante minutes vers Mara serait une formalité – en fait, nous n'avions pas compris que nous venions d'entrer dans un univers différent de tout ce que nous avions vécu avant. Nous avons bientôt cessé de parler et de rigoler, et tourné nos regards vers la terre que nous étions en train de survoler. Après les cinq premières minutes de vol, les maisons ont totalement disparu, comme si un tremblement de terre ou un déluge les avaient emportées. Nous sommes passés de la ville à la campagne en un clin d'œil.

On aurait dit que le terrain en bas, dénué de toute présence humaine, avait l'aspect d'une étrange planète dont la physionomie serait empruntée à la fois au sol lunaire, à celui de la planète Mars et aux paysages typiques de l'Utah, du Nevada, de l'Arizona et du Texas ; ou encore l'arrière-pays complètement sec de la Californie ou de l'Australie, six mois après que des incendies de forêt aient ravagé son territoire. J'ouvrais grands les yeux en voyant défiler les collines dénudées, les canyons et les gorges, les arbres aux formes inhabituelles, les parcelles de terre rougeâtre çà et là, les montagnes indigos à l'arrière-plan, les plaines recouvertes d'herbes hautes tantôt ocres, tantôt vertes, les bosquets en broussailles de toutes les dimensions, les rangées d'arbres serpentant le long de vieux lits de rivière et leurs affluents, et les ombrages sombres provoqués par le lent déplacement des nuages au-dessous de nous. Ou était-ce vraiment des ombres ?

> *Il est impossible de mettre en mots vos premières impressions des plaines d'Afrique de l'Est, même à travers le petit hublot d'un avion faisant la navette. C'était comme si nous avions laissé le monde connu et que nous étions en train de survoler un continent perdu, un Parc jurassique absolument réel.*

En examinant la chose plus attentivement, les ombres se sont transformées en troupeaux d'éléphants. Et que faisaient là ces milliers de petites bêtes se déplaçant en colonnes, avec leurs quatre pattes et leurs cornes ? Leur multitude nous paraissait des millions de fourmis. Était-ce là vraiment des gnous ? Comment était-il possible qu'ils soient si nombreux et qu'il y ait également tellement d'autres animaux dans le décor ? À l'aide de mes jumelles, je pouvais maintenant distinguer les buffles, les zèbres et les girafes parmi ce qui m'avait d'abord paru comme un simple troupeau de bétail.

Dès le moment où j'ai serré la main de Calvin Cottar, une fois descendu du petit avion à l'aéroport de Keekorok – le lieu d'atterrissage le plus près de notre destination finale – j'ai compris pourquoi il avait été élu le meilleur guide de brousse de tout le Kenya. Tandis que nous nous entassions dans sa Land Rover, il a mentionné nonchalamment que nous aurions sans doute la chance de faire des rencontres des plus intéressantes durant notre parcours de deux heures jusqu'au site du campement, après quoi il a promptement passé les vitesses et s'est engagé droit devant sur la route de terre rougeâtre en fonçant vers la savane.

Je ne pouvais m'imaginer devoir louer un véhicule tout terrain et entreprendre seul ce périple, même avec le système de repérage par satellite le plus sophistiqué. Quand la signalisation routière est inexistante et que les routes sont mal définies, que reste-t-il, lorsqu'on est sans boussole, comme point de repère pour se diriger ? Les acacias ? Les bosquets aux formes irrégulières ? Les crevasses et les signes fréquents d'érosion dans la terre ?

J'ai vite oublié mes préoccupations quand nous avons croisé une maman guépard et ses deux petits en train de se reposer à l'ombre. Coupant le moteur du véhicule, Calvin a manœuvré pour le positionner à environ un mètre et demi des magnifiques félins, et nous avons passé les vingt minutes qui ont suivi – la première de centaines d'expériences similaires subséquentes – à jouir d'un rapport intime avec la vie sauvage impossible dans un jardin zoologique ou dans une réserve quelconque, n'importe où dans le monde. L'absence de peur et la nonchalance avec laquelle ces bêtes ont accepté notre présence nous ont fait comprendre que nous n'étions pour elles que de simples passants dans le paysage de leur habitat naturel.

Quel merveilleux animal à observer que le guépard. Le lion est le roi des animaux, mais le guépard est véritablement l'« animal des rois ». Les anciens monarques assyriens élevaient les ancêtres de ces guépards pour en faire des animaux de compagnie et des chasseurs. Chaperonnés comme le sont les faucons, ces félins royaux étaient conduits dans les champs puis relâchés à la poursuite d'un cerf ou d'une gazelle pour leur maître.

C'était comme si je renouais avec des émotions qui avaient été retenues prisonnières au plus profond de moi, et même presque oubliées, tout au long de ma vie. C'était pour moi comme si je me découvrais une nouvelle identité dans laquelle le passé et le présent seraient dorénavant indissociables. Je me demandais si mes enfants étaient en train de ressentir les mêmes émotions, mais nous étions tous si bouleversés par le spectacle que nous en étions bouche bée. Nous sommes simplement demeurés assis là à observer la scène dans le plus complet silence.

La maman guépard, bien que plus petite que les mâles adultes que nous avons pu apercevoir plus tard au cours de notre safari, ressemblait à un énorme lévrier très musclé, recouvert d'une peau de léopard, avec une longue ligne noire qui allait du coin des yeux jusqu'au museau, comme si les larmes avaient laissé une marque sombre sur sa face. Ces taches foncées sous les yeux lui assurent sans doute une meilleure vision en atténuant l'éblouissement du soleil. Nous avons commenté le fait que plusieurs athlètes professionnels du baseball et du football américain portent aussi sous les yeux des taches de fard gras qui aident à réduire l'éblouissement du soleil et nous nous sommes demandé si un entraîneur avait un jour emprunté l'idée en observant les guépards en action.

Les guépards sont uniques parmi les différentes espèces de félins. Ils ont une tête qui semble trop petite pour le reste de leur corps et une dentition plus petite aussi qui ressemble davantage à celle de la race canine que féline ; leurs pattes s'apparentent également à celles des chiens. Étroites avec des coussinets charnus plus durs, elles sont équipées de griffes partiellement rétractables seulement, contrairement aux autres félins sauvages, ce qui les aide à s'agripper au sol comme le font les coureurs olympiques à l'aide de leur souliers de course.

Lorsque vous observez un guépard en action, vous en concluez que cet animal a été conçu pour la course. Chaque partie de son anatomie est merveilleusement adaptée pour maximiser sa puissance d'accélération, dont la vitesse peut atteindre jusqu'à 90 km/h sur une distance n'excédant pas 300 mètres. Calvin Cottar nous a fait remarquer les caractéristiques de ce long corps fluide et élancé à l'ossature légère, dont la colonne vertébrale fait fonction de ressort, procurant ainsi au train arrière une meilleure prise à chaque pas. Ses petites clavicules et ses omoplates verticales l'aident à allonger sa foulée, sa longue queue agissant comme un gouvernail, ce qui facilite les changements rapides de direction. Ses larges narines et ses poumons grand format lui assurent un entrée d'air rapide, et la dimension plus grande de son foie, de son cœur et de ses glandes surrénales permettent à l'animal de réagir avec rapidité.

De plus, à la différence des autres grands félins, le guépard ne rugit pas, bien qu'il ronronne, et les autres sons qu'il émet varient du glapissement dans des tonalités très élevées au pépiement, surtout lorsque la femelle communique avec ses petits. Le fauve arrive même à imiter certains sons d'oiseaux, sans doute pour les attirer. Contrairement aux autres félins encore, il chasse surtout durant la journée, traquant habituellement sa proie à distance, largement aidé dans le processus par la forme allongée de la rétine de ses yeux, ce qui lui procure une vision extrêmement aiguisée et à grand angle de son entourage. Le menu des guépards se compose principalement de petites antilopes telles que les springboks, les steenboks, les duikers, les impalas et les gazelles de Thompson. Ces antilopes peuvent surclasser n'importe quel autre animal à la course sauf les guépards, et sont capables d'atteindre des vitesses de près de 50 km/h.

Après la chasse, une fois sa proie neutralisée, le guépard va souvent faire une pause pour reprendre des forces avant de se nourrir, étant donné la somme considérable d'énergie investie dans la course de vitesse. Durant ce moment de repos, la maman et ses petits sont particulièrement vulnérables aux autres prédateurs. Elle peut se faire voler son repas par des lions, des hyènes ou d'autres maraudeurs de la savane. Les mâles adultes apparentés se déplacent habituellement en bande sur de grands territoires généralement plus vastes que celui de la femelle que nous étions en train d'observer, préoccupée de veiller sur ses petits. Les bébés guépards, en portées de deux à quatre à la naissance, affichent un taux plutôt faible de survie, car ils sont des proies faciles pour les lions ou les hyènes. Après une période de dix-huit mois d'apprentissage auprès de leur mère, les jeunes guépards sont alors prêts à se débrouiller tout seuls.

Tandis que nous roulions au loin, ayant repris notre route vers le campement, Calvin a ajouté, avec une mine sérieuse, que les guépards avaient vu leur nombre dramatiquement diminuer à cause de la présence des humains et de l'empiétement continuel de ces derniers sur leur territoire. Il a ajouté que, dans un avenir relativement proche, leur présence dans la nature sauvage deviendrait aussi rare que celle des tigres d'Asie, des léopards des neiges et des rhinocéros. Nous avons jeté un dernier coup d'œil en arrière, à l'aide de nos jumelles, vers le bosquet d'arbres, comme si c'était la dernière fois que nous avions la chance de faire une telle rencontre au cours de notre vie.

CHAPITRE TROIS

Quelque part dans le temps

L a nuit tombait déjà en un crépuscule cramoisi lorsque nous avons traversé le dernier lit de rivière et entamé notre descente finale jusqu'à l'entrée principale du camp. Nous demeurions complètement subjugués et stupéfaits par tout ce que nous avions vu et entendu durant les deux heures précédentes, en quittant la piste d'atterrissage, alors que nous étions tombés inopinément sur des troupeaux d'éléphants, de girafes, de zèbres et, bien sûr, sur des milliers de gnous traversant notre route en zigzaguant devant notre Land Rover.

Les lanternes extérieures du camp – qui avaient déjà été allumées pour la nuit – projetaient leurs ombres dansantes sur la blancheur absolue des tentes. Autour du feu se trouvaient alignés une série de fauteuils de réalisateur qui attendaient l'arrivée imminente des autres invités partis pour la balade de l'après-midi. Cela constituait le rituel des soirées de partager les expériences du jour en avalant des hors-d'œuvre servis sur des plateaux d'argent accompagnés de vins de grand cru dans des coupes de cristal. C'était sans doute la façon, pour l'élite, de vivre à la dure, pendant les années 1920. Une Rolls-Royce d'époque pour huit passagers, toit ouvert et panneaux de bois, se trouvait stationnée devant nous, et on aurait dit qu'elle venait tout juste d'être apportée directement d'Angleterre, après une longue traversée en bateau à vapeur, maintenant prête à transporter la famille royale dans sa balade d'exploration sauvage.

Tandis que les guides, les pisteurs et le personnel saluaient notre arrivée avec empressement, je me trouvais dans un état second, autant sur le plan visuel qu'émotionnel; c'était comme si, par un effet de distorsion, j'avais traversé l'espace-temps vers un lieu antique mais familier. Tout cela était-il véritablement en train de m'arriver ou était-ce un rêve? Allais-je me réveiller dans mon lit en Californie en m'interrogeant sur le caractère si réel de ce qui n'était sûrement qu'un mirage?

Alors que mes filles et mes gendres répondaient aux salutations et qu'ils déchargeaient notre équipement, je restais là, fixé dans mes pensées, tandis que mon esprit voyageait des années en arrière vers un événement passé tout chargé d'émotions similaires. C'était à l'automne 2000 et j'étais le conférencier invité à un événement qui coïncidait avec la célébration du vingtième anniversaire du film *Quelque part dans le temps,* paru en 1980 et tourné sur les lieux du Grand Hotel, près des quais du détroit de Mackinac, dans le Michigan.

Basé sur un roman de Richard Matheson, le récit se passait au prestigieux hôtel Del Coronado, qui se trouve à deux pas de ma maison, près de San Diego. J'ai conclu que le site du Grand Hotel avait été choisi pour le film parce que l'environnement immédiat du vieux Del Coronado était trop moderne d'aspect et commercial pour offrir le climat de nostalgie recherché. La trame sonore de cette production cinématographique, comme celle du film *Souvenirs d'Afrique,* figure parmi mes préférées, et je me sentais vraiment privilégié de participer à ce vingtième anniversaire en compagnie de deux de mes acteurs préférés, Christopher Reeves et Jane Seymour.

Les festivités comprenaient les costumes d'époque, la projection du film et une reconstitution de quelques-unes des scènes les plus mémorables. Tandis que Christopher Reeves était transporté à l'intérieur de l'hôtel dans sa chaise roulante sophistiquée équipée de matériel de survie, mon cœur battait d'admiration devant l'exemple courageux de celui qui abordait la tragédie qui avait touché sa vie comme un simple inconvénient. Si vous avez vu le film, vous vous rappelez sans doute que Christopher joue le rôle de Richard Collier, un auteur dramatique de Chicago couronné de succès, qui fait la rencontre d'une femme âgée qui va changer le cours de son destin. Alors que la dame lui tend une montre de poche de modèle standard, elle lui murmure les cinq mots troublants suivants : «Je t'attends, reviens-moi», qui vont le marquer pour toujours. Huit ans plus tard, tandis qu'il visite le Grand Hotel sur l'île Mackinac, le jeune Richard Collier est fasciné par le portrait d'une jolie actrice, Elise McKenna, qui avait été l'une des premières vedettes féminines de la scène théâtrale en 1912 – et jouée par Jane Seymour. Richard devint si obsédé par le portrait, qu'il trouve une méthode non scientifique pour voyager dans le temps et revenir près de soixante-dix ans en arrière, à l'époque où l'actrice vivait. Bien que les deux films, *Quelque part dans le temps* et *Souvenirs d'Afrique* soient chargés d'une telle émotion, et qu'il soit impossible de les voir sans verser de larmes, ils nous inspirent et nous rappellent combien l'amour est puissant dans la vie et combien il transcende à la fois le temps et l'espace. Je me trouvais, pour ma part, sous l'enchantement de l'événement passé et présent à ce moment-là.

Mes filles, Deborah et Dayna, m'ont alors ramené à la réalité : « Papa, est-ce que ça va ? »

Je me trouvais là, propulsé ainsi en pensée plus de dix-huit années en arrière, et ces mots m'étaient murmurés à l'oreille par le vent qui soufflait des montagnes de l'Afrique de l'Est, dansant parmi les arbres : « Te voilà rentré à la maison. » Comment pouvais-je être de retour à la maison si je voyageais à cet endroit pour la première fois ?

« Comment ? Oui, bien sûr, tout va bien. J'étais simplement frappé par le fait que nous sommes réellement ici et je me demandais en même temps pourquoi j'ai mis tant de temps avant de réaliser ce rêve fou. » J'ai secoué la tête en mettant mon sac sur l'épaule et je les ai suivis.

« Eh bien, nous sommes ravis et enthousiasmés du fait que tu aies décidé de partager cette expérience avec nous. Merci du fond du cœur, papa, pour ce magnifique cadeau d'anniversaire », dit Dayna, en affichant un large sourire.

Debi a renchéri : « Ouais ! Et avez-vous remarqué la vieille bagnole de style "Chitty-chitty-bang-bang" là-bas ? C'est comme si nous avions voyagé dans le temps jusqu'aux années 1920, ne trouvez-vous pas ? »

Tandis que nous approchions de l'enceinte principale des tentes grand luxe, où se trouvaient la salle à dîner, le salon, une librairie et un magasin de souvenirs, les propriétaires sont venus vers nous pour nous saluer.

En plus de ces tentes gigantesques, il y avait six autres tentes permanentes des plus spacieuses pouvant accommoder jusqu'à douze personnes sous leur structure de canevas blanc et équipées de meubles africains authentiques datant de l'époque des belles années des safaris, maintenant disparues. Chaque tente d'invités est à une certaine distance des autres et se trouve entourée d'arbres pour assurer un maximum d'intimité ; elle est équipée de chambres avec des lits à baldaquin romantiques, *dressing* attenant, d'un système d'éclairage haut de gamme, d'une salle de bain avec toilette à chasse d'eau, d'eau chaude fournie

par un système de captation solaire, d'une baignoire de style ancien, d'une douche et d'une véranda au panorama époustouflant. J'ai passé de longues heures
durant les sept jours qui ont suivi à me prélasser dans un fauteuil à l'extérieur de
ma tente, assis dans les vallons d'une colline chargée d'arbres – à une altitude
supérieure à celle de Denver, au Colorado – me plaisant à contempler les plaines
verdoyantes et dorées de Mara et celles de Serengeti, au loin, en Tanzanie,
lesquelles semblaient se profiler à l'infini.

---

*En considérant l'effet d'ensemble de cet effort de recréer la vie de
safari durant les années 1920 avec les tentes, les sofas, les oreil-
lers en duvet, les meubles antiques, les livres, les candélabres, les
tapis persans, le phonographe Victrola et les vieux disques, qui
devaient sans doute avoir été les accessoires utilisés dans la
maison de Karen Blixen dans Souvenirs d'Afrique, je m'attendais presque à voir Meryl Streep et Robert Redford compléter le
tableau en nous servant de guide d'excursion, ajoutant la
touche finale à mes rêveries au sujet de Jane Seymour et de
Christopher Reeves. Au lieu de cela, ce fut Louise et Calvin
Cottar qui nous ont conduit un peu partout à travers la contrée,
et qui nous ont ainsi permis d'admirer le travail qu'ils ont entrepris et réalisé, inspirés par un véritable amour.*

Assurément, ces accommodations luxueuses offraient encore plus que je
ne l'avais espéré. Massages, manucure, service de buanderie, mets et boissons
les plus fins, préparés et servis avec élégance dans des assiettes de porcelaine
et ustensiles en argent, piscine creusée dans un rocher naturel et excursions de
safari spécialement ciblées pour répondre aux désirs de chaque invité ou groupe, avec guide, pisteur et véhicule entièrement consacrés à notre service. Les
agréments étaient trop nombreux pour être énumérés ici.

Mais ne vous y trompez pas. Ce n'est pas là un coin pour touristes. Et il ne
s'agit pas non plus d'un complexe de vacances de type Ritz Carlton ou Hyatt
Regency, avec golf, tennis et jeu de palets ; l'endroit ne convient pas à ceux qui
ont l'habitude de prendre le bus en ville et préfèrent les voyages organisés.

Bien qu'il soit vrai qu'il s'agit sans doute là du summum en termes de service première classe et de traitement platine, ce genre d'endroit n'est pas pour les mauviettes et les courtoisies barbantes. Bien qu'il offre une ambiance d'aristocratie, vous aurez besoin de solides souliers de marche et de démontrer beaucoup d'endurance et de nerf. Cela ne m'a pris qu'une seule nuit, dans la solitude de ma tente, pour en comprendre l'enjeu et me rappeler dans quel coin du monde je me trouvais.

Étant donné l'héritage et la réputation enviable des Cottar, Calvin et Louise ont ainsi eu la possibilité d'ériger leur site de campement sur une concession exclusive de 250 000 acres, dans la région de Maasaï-Mara, loin de tout ce que nous considérons comme le monde civilisé. Il n'y a littéralement rien qui ressemble à cet endroit dans tout le reste du pays. C'est un lieu qui n'a été contaminé par aucun type de tourisme ou de développement. Nous n'avons rencontré presque personne, au cours de nos excursions et randonnées pédestres, à l'exception de guerriers maasaïs, de gardiens de troupeaux, ou de véhicules provenant de notre camp. Le seul moment où nous apercevions les autres invités ne faisant pas partie de notre équipe de douze était durant les repas, et au cours de notre excursion d'une journée à la rivière Mara pour observer les gnous effectuer leur traversée.

C'était exactement comme je l'avais rêvé : l'Afrique, observée de près, secrète et personnelle. L'expérience d'y retrouver un sentiment d'appartenance, et pas seulement la voir en passant. Le sentiment de participer au mystère, et pas seulement de cocher des choses à voir sur l'itinéraire préparé par un agent de voyage. Amasser des souvenirs mémorables, au lieu de babioles appelées souvenirs.

Après que les Cottar nous aient fait faire le tour des aménagements, et après avoir fait la connaissance des huit autres invités – deux d'Angleterre, deux du Japon, deux d'Australie et deux du Mexique – ma famille et moi avons décidé de prendre congé et de nous disperser dans nos trois tentes.

Curieusement, ai-je pensé, nous avons été escortés à nos tentes par un guerrier maasaï portant une lance dans une main et une lanterne dans l'autre. «Comme c'est gentil de leur part», me suis-je dit intérieurement. Mais n'était-ce vraiment là qu'un geste de courtoisie?

J'ai refermé la porte de ma tente en tirant la fermeture éclair et constaté que la structure dans son ensemble était sécurisée par un plancher de toile joint aux murs des côtés. Aucun insecte volant ou rampant ne pouvait pénétrer dans mon royaume. Il faisait très sombre, tout était silencieux, et j'ai rapidement allumé la lanterne qui se trouvait à côté de mon lit. Ce dernier était entièrement recouvert d'une moustiquaire de tulle sans doute inutile puisque je ne me rappele pas avoir entendu voler un seul moustique dans mes quartiers durant tout mon séjour.

Après avoir pris ma douche, je me suis glissé sous les draps et j'ai éteint la lampe à pétrole – ressentant toujours l'effet de distorsion du temps et le sentiment d'être hors de mon corps –, et j'ai commencé à sentir que tous mes autres sens se mettaient à compenser pour ma plongée soudaine dans la plus totale noirceur. Je commençais à souhaiter que ma tente ne soit pas si privée et éloignée des autres.

J'ai fermé les yeux et essayé de dormir, en me demandant pour-quoi le guerrier maasaï qui m'avait accompagné à ma suite portait une lance à la main. Et pourquoi restait-il là en sentinelle, à l'entrée? Était-il toujours là?

CHAPITRE QUATRE

Ces choses qui font des bruits suspects au milieu de la nuit

La peur est un phénomène intéressant. Elle peut être déclenchée et nourrie par l'imagination, mais l'expérience n'en demeure pas moins réelle pour celui qui vit la chose. Il est tout à fait inutile, par exemple, de dire à un enfant : « Tu n'as rien à craindre. » Et si vous ne vous sentez pas assailli par la peur tout à coup, durant votre première nuit sous la tente en Afrique, c'est que vous n'êtes tout simplement pas vivant ou vous vous mentez à vous-mêmes.

J'ai grandi durant les jours glorieux de la radio. Notre source principale de détente en famille, alors, était de nous rassembler après le repas du soir pour écouter nos émissions de variétés ou de suspense préférées, assis devant la gigantesque console droite de marque Philco, qui était notre principal investissement en termes de mobilier à l'époque. Il en résulte que je suis aujourd'hui – pour mon bonheur ou mon malheur, c'est selon –, plus auditif que visuel, c'est-à-dire que je n'ai pas besoin de regarder la télé ou le grand écran pour avoir la gorge sèche, un pouls qui bat plus vite, des sueurs froides, ou pour faire de l'hyperventilation. Mon appétit masochiste pour tout ce qui me faisait trembler de peur, lorsque j'étais enfant, se trouvait comblé, dans les années 1940, par des émissions telles que *Inner Sanctum (Le sanctuaire intérieur), Lights Out (Toutes lumières éteintes)* et *The Whistler (Le siffleur).*

> *Sans défense sous ma tente, je me suis senti enfant à nouveau, dans mon sanctuaire intérieur, tandis que la lumière était éteinte ; et je me suis surpris tout à coup à siffler, car c'était plus fort que moi.*

Votre appétit éventuel pour les films d'horreur a sans doute été comblé par des productions cinématographiques telles que *Psycho, La nuit des morts vivants,*

Le cri ou encore *Massacre à la tronçonneuse*, mais je tiens à vous dire que ce que l'on ne peut pas voir, et ce que l'on ne voit pas, peuvent tous deux provoquer la chair de poule autant que tout ce que l'on regarde entre les doigts des deux mains quand on se couvre le visage au cinéma. L'oreille est plus encline que l'œil à jouer des mauvais tours. Et je commençais, ce soir-là, à entendre des choses qui me faisaient désirer que mon papa et ma maman soient toujours là pour vérifier dans les placards, par la fenêtre et surtout sous le lit, afin de m'assurer que le monstre ou le fantôme dont je sentais la présence sournoise ne soit pas là.

L'espace intérieur de ma tente faisait maintenant un avec les ténèbres profondes qui régnaient à l'extérieur. J'ai fixé du regard le drap de satin noir en écarquillant les yeux et je ne voyais absolument rien. C'est à ce moment que les bruits ont commencé. D'abord, j'entendis le rugissement trop facilement reconnaissable de lions. À quelle distance se trouvaient-ils, au juste? Je savais que les sons se répercutent au loin et que les distances peuvent sembler trompeuses hors des frontières de béton et d'acier. Les rugissements me semblaient provenir d'une distance de moins de 50 mètres, ou de 20, ou peut-être même de 10. «Savent-ils que je me trouve là? Sont-ils affamés?», ai-je alors pensé.

Le toit de ma tente, de même que les murs de toile ont commencé à onduler en faisant des bruits de tapotements et de grattements ici et là. J'ai entendu le cri de babouins, sans doute m'avertissant que *Simba* s'apprêtait à déchirer la frêle paroi de canevas d'un coup de sa patte aux griffes gigantesques, afin de m'attraper par la gorge et me traîner au loin dans la brousse. Je pouvais entendre les mises en garde des zèbres hennissant et le bêlement des gnous. Comme c'est le cas pour quiconque est privé de la vue, mes sens auditifs se sont vus tout à coup devenir exacerbés. J'étais certain d'entendre le souffle et le pas feutré d'un prédateur géant qui s'approchait en rôdant là, tout près, à quelques mètres de mon oreiller. J'ai rallumé la lampe à pétrole et j'ai essayé de lire pour un moment; puis, j'ai écrit le préambule en prose du présent ouvrage.

«C'est de la pure folie», me suis-je alors murmuré, en essayant de reprendre un peu mes esprits. «Je suis une grande personne, je fais partie des aînés ayant le profil d'un Sean Connery, et j'ai passsé de nombreuses années à piloter un avion supersonique catapulté d'un porte-avion au beau milieu de la tempête!» J'ai éteint la lampe encore une fois en faisant semblant de me montrer courageux.

De nouveau dans les ténèbres, j'ai essayé tant bien que mal de garder mon sang-froid et d'adopter une attitude de sérénité. Au lieu de compter les moutons, j'ai essayé de compter les gnous.

Mais je me trouvais étendu là, moi l'homme fort, avec le souffle court, complètement immobile. À ce jour, je ne saurais dire si j'ai dormi ou non, jusqu'à ce que je sois délivré de l'angoisse par les pâles rayons de l'aurore. L'inquiétude dont a été remplie ma première nuit dans la brousse de l'Afrique de l'Est témoignait du pouvoir de suggestion considérable de l'esprit humain, surtout concernant des choses inconnues ou impossibles à voir.

C'est un sujet d'une telle importance que j'ai décidé de lui consacrer un chapitre entier, un peu plus loin dans le présent ouvrage. Par ailleurs, je tiens à préciser ici que j'ai néanmoins dormi dans la quiétude la plus complète durant le reste de mon séjour.

La plupart de nos peurs n'ont pas nécessairement pour origine des événements présents ou des expériences passées, mais elles sont plutôt le fruit d'une certaine ignorance, d'un manque d'expérience ou de préjugés qui nous ont été communiqués par autrui, par des personnes en autorité ou par nos pairs, et qui nous rendent incapables de distinguer la réalité de la fiction, le véritable danger des occasions qui se présentent et qu'il nous faut saisir.

J'ai vite enfilé mon costume d'Indiana Jones en vue de notre première excursion en brousse, soulagé que le tout se déroule en plein jour, et j'ai emprunté le sentier menant à ma famille et au petit-déjeuner. Calvin Cottar, qui dirigeait la randonnée-safari ce jour-là, m'a demandé si j'avais bien dormi. J'ai souri timidement, puis, affichant une confiance exagérée, j'ai répondu ce que mon ami et collègue, l'entraîneur Lou Holtz, répète souvent au cours de ses conférences : «Une nuit merveilleuse. J'ai retrouvé la prime jeunesse. J'ai dormi comme un vrai nouveau-né. Je me suis réveillé à toutes les demi-heures en pleurant!»

Nous avons tous ri en confessant que la nuit avait semblé longue pour les apprentis cow-boys que nous étions. Ladd, mon gendre, a mentionné qu'il avait aperçu ma silhouette sur le canevas de ma tente à travers les branches parce que ma lampe – que j'avais fermée et rallumée plusieurs fois selon ses dires –, agissait à la manière d'un projecteur. Il a exprimé ses inquiétudes à l'effet que j'avais peut-être ainsi, à mon insu, attiré l'attention des lions et mis inutilement ma vie en péril. Mon autre gendre, Tom, a reconnu qu'il avait passé une nuit blanche, comme chacun de nous, à force d'imaginer les pires scénarios possibles. J'ai trouvé un certain réconfort dans le fait que les maris de mes filles, Tom Arnold et le Dr Ladd MacNamara – Tom est un gestionnaire de portefeuille très prospère pour une banque de New York, et Ladd est l'un des excellents médecins d'Atlanta – aient partagé mes inquiétudes, une fois la noirceur installée.

Calvin nous a rassuré en disant que la nuit précédente avait été particulièrement agitée et que les vents allaient diminuer en intensité pour le reste de notre séjour. Il a dit que les lions avaient l'habitude de demeurer à bonne distance des guerriers maasaïs et du campement, et que ceux que nous avions entendus devaient se trouver à une distance d'au moins un kilomètre ou deux. Il a souri, puis il nous a dit que, si nous avions de la chance, nous pourrions peut-être voir une lionne en train de nourrir son lionceau, juste à côté du camp, en haut, sur le flanc de la colline. Elle avait l'habitude de chasser durant la nuit et de revenir juste avant l'aube. J'ai jeté un bref coup d'œil à ma montre et avalé ma salive, en pensant que je préférais l'observer de la Land Rover ou d'une jeep plutôt que de la rencontrer sur le sentier que j'avais emprunté au petit-déjeuner ; mon petit-déjeuner, pas le sien !

Ajoutant qu'il y avait également un léopard mâle vivant tout près, qui aimait bien mettre son nez dans la tente de la salle à manger à l'occasion, Calvin nous présenta à notre guide et au pisteur qui nous étaient attitrés, puis il alla rejoindre son groupe pour une balade dans les buissons. Il avait parlé du léopard comme si ce dernier était un invité habituel et apprécié de la maison. Pour ma part, j'avais été troublé par rien de plus que le bruit du vent. Laissant nos appréhensions de la nuit précédente derrière, nous sommes montés à bord du véhicule, impatients d'entreprendre notre première randonnée-safari.

Arborant un sourire large comme le clavier d'un piano à queue et se tenant haut et droit comme un marathonien kenyan, l'homme exceptionnel dont nous fîmes la rencontre s'est révélé un frère pour moi et il est devenu un ami de notre famille pour la vie. Comme il était né et qu'il avait grandi sur le territoire maasaï, John Sampeke était une source inépuisable de connaissances, offrant un véritable trésor de sagesse pour ce qui touche la vie des animaux, des oiseaux, des insectes, la flore, la faune, et même la culture et les traditions maasaïs, ce qui aurait été impossible à obtenir de quiconque autrement. John avait réussi les examens de l'Association des guides de safari en affichant la note la plus élevée de sa classe.

Très instruit, de compagnie très agréable avec son sens de l'humour à la Bob Newhart, John est incontestablement le meilleur guide maasaï professionnel du milieu, cumulant près de quinze années d'expérience au sein de la société de safaris la plus prestigieuse du Kenya. Durant le petit-déjeuner, et, plus tard, tout au long de notre aventure d'une semaine passée à ses côtés, John nous a enseigné des tas de choses sur la vie sauvage, la botanique et l'histoire, plus précieuses encore que n'importe quelle somme d'argent ou possession matérielle. Grâce à lui, notre processus d'apprentissage s'est transformé en partie de plaisir parsemée de moments de joie intense.

CHAPITRE CINQ

Les Maasaïs : retour vers le futur

Notre première balade exploratoire fut effectuée dans la fameuse Rolls d'époque que Debi avait surnommée *Chitty-chitty-bang-bang*, expression tirée du film du même nom mettant en vedette Dick Van Dyke. La suspension n'avait ni la souplesse ni la qualité d'une berline Lexus, mais le véhicule était solide comme un tank, il pouvait transporter toute la famille, offrait une excellente visibilité et, après tout, c'était là le moyen de transport utilisé par l'élite des années 1920. John nous a présenté à Sambe, notre pisteur, qui voyageait sur le toit du véhicule, de manière à pouvoir mieux repérer les fauves à distance.

Tandis que nous descendions la pente en quittant le campement des Cottar pour rejoindre les plaines verdoyantes de Mara, nous avons croisé un troupeau d'une quarantaine de vaches sous la supervision d'un jeune adolescent maasaï. John nous confia que les garçons de cet âge consacraient l'essentiel de leur temps à s'occuper des vaches, et qu'on leur apprenait, en grandissant, à considérer celles-ci non comme une richesse mais comme une extension d'eux-mêmes. Le berger maasaï se doit de connaître tout sur chaque animal sous sa supervision et de veiller sur chacun en toute circonstance, ce qui le porte à ne jamais prendre un moment pour se reposer, car il veut à tout prix éviter l'embarras et la honte d'avoir perdu une des bêtes dont il avait la garde. Ce processus d'apprentissage inclut le fait de repérer la trace, le bruit et les déplacements de prédateurs potentiels tels que les lions, les hyènes et les léopards.

«Que Dieu vous accorde des enfants et que Dieu vous accorde du bétail» répétait John. Dans les prières des Maasaïs, les deux vont toujours de pair parce que lorsqu'on a des enfants, on a

besoin de troupeaux pour les nourrir; et lorsqu'on a du bétail,
on a besoin des enfants pour veiller sur lui et en prendre soin.

Évidemment, les enfants ont plus d'importance que les animaux, comme nous avons pu le constater en passant quelques moments dans l'un de leurs villages. Et, quoique le bétail soit le critère qui permette de mesurer le statut social et la richesse d'une personne, le peuple maasaï croit qu'une famille ayant de nombreux enfants et zéro bétail est plus riche que celle où il n'y a pas d'enfants mais des animaux en grand nombre.

Avant de faire la connaissance de John, notre guide – qui jouit d'une haute estime parmi les Maasaïs en tant qu'apprenti aîné –, mes impressions de sa culture avaient été celles de la plupart des Occidentaux.

Pour nous qui sommes des étrangers, le peuple maasaï corres-
pond parfaitement à l'image romantique que nous nous faisons
des membres d'une tribu africaine. Drapés dans des vêtements
de couleur rouge semblables à des toges, parés de colliers de
perles de couleur ocre et portant un javelot, une lance ou un
gourdin à la main, ils demeurent ainsi à jamais figés dans
notre imaginaire de l'univers africain. En vérité, ils font preuve
de beaucoup de détermination en maintenant intact leur
héritage et ils affichent une réelle assurance pour tout ce qui
concerne leur identité en tant que peuple.

Les origines du peuple maasaï sont empreintes de mystère et tiennent de la légende. Le nom Maasaï signifie, selon John, *celui qui parle la langue maa.* On dit que leurs racines remontent aux Nilotes, de la région du Nil, et aux Cushites d'Afrique du Nord. Lorsqu'on examine le costume maasaï, il ressemble à ceux portés durant l'Empire romain en Afrique du Nord. L'épée maasaï ressemble au glaive dont les soldats se servaient pour se battre; la coiffure du guerrier épouse la forme du casque militaire romain; et la toge et les sandales ont un style similaire à celui des Romains[1].

Tout comme ce fut le cas pour les soldats de l'époque ancienne, les Maasaïs ont toujours été des experts de la guerre, intimidant leurs ennemis grâce aux stratégies de combat qui ont fait la réputation des légions romaines. Imaginez l'avancée terrifiante de cette multitude peinte en rouge, portant des anneaux en peau de singe colobus aux chevilles et de longues coiffes confectionnées avec des plumes d'autruche et la crinière de lions. Armés de lances, d'épées et de boucliers en peau de buffle, ils chassaient leurs rivaux hors de leurs villages.

Un des bienfaits associés à la réputation des Maasaïs, décris comme étant féroces et belliqueux, est le fait que les marchands d'esclaves, les colons et les agriculteurs ont été freinés dans leurs activités, et cela jusqu'au début du siècle. Le respect et la crainte qu'ils ressentaient à l'endroit des Maasaïs a permis ainsi d'assurer que le territoire intérieur de l'Afrique de l'Est demeure relativement intact.

Je ne connais pas de peuple affichant autant de qualités physiques impressionnantes. Ils sont grands, sveltes, forts, confiants, ont des traits d'une profonde noblesse et de grands yeux au regard pénétrant ; je n'ai jamais rencontré un seul membre de la tribu, homme ou femme, qui ait besoin d'un régime amaigrissant ou d'une liposuccion.

Ces guerriers maasaïs feraient la joie d'un entraîneur de niveau olympique, en particulier ceux que nous avons rencontrés, tous capables de sauter sur place à une hauteur de un mètre au moins et parfaitement équipés pour remporter le championnat de smash de l'Association nationale de basket-ball, dans notre pays. Ils ne sont peut-être pas capables de battre un lion de vitesse, mais ils font preuve de beaucoup plus d'endurance que lui sur une longue distance. De plus, ils ne connaissent pas la peur et j'ai pu observer ce trait de caractère chez John Sampeke, qui, armé seulement d'une lance, a tué un énorme lion alors qu'il n'était qu'un jeune guerrier maasaï.

John nous a confié que ses ancêtres croyaient que Engai (Dieu) avait décrété que tout le bétail sur la surface de la terre leur appartenait de droit, de sorte que les raids n'étaient qu'un moyen de récupérer ce dont ils étaient les propriétaires, mais qui ne se trouvait pas au bon endroit. De tels motifs inspirés par l'égoïsme sont difficiles à justifier sur le plan culturel, mais il faut savoir que les Maasaïs ont été injustement traités et exploités depuis l'époque coloniale par les Européens et les Britanniques, qui ont confisqué leurs terres et revendiqué la propriété d'une bonne partie du territoire des Maasaïs. Ils ont profité de la grande naïveté de ces derniers pour tout ce qui se nomme titres de propriété, frontières, limites territoriales et clôtures.

Tandis que j'écoutais John, je ne pouvais m'empêcher de repenser à plusieurs allocutions que j'avais prononcées devant des groupes de cadres ou de gens ordinaires à travers le monde, et traitant des fausses notions de la réussite qui en font un état de fait plutôt qu'un processus à expérimenter.

Pour les Maasaïs, la terre demeure la propriété de Dieu et non celle de l'homme. Comme ils sont un peuple de bergers et qu'ils se déplacent sans cesse avec leurs troupeaux tels des nomades, les Maasaïs se sont perçus de tout temps comme étant responsables de prendre soin du territoire, parce qu'ils ont compris que si les animaux sauvages avaient toujours joui de la liberté d'effectuer leurs migrations depuis des millénaires, pourquoi n'en serait-il pas ainsi pour eux également ? Ils ont toujours considéré le bétail comme un cadeau reçu de Dieu et le territoire comme une richesse à exploiter, mais jamais à s'accaparer.

Le fait de posséder quoi que ce soit n'est pas la mesure de notre réussite. L'activité professionnelle, l'utilisation et la protection des ressources le sont. Quoique je ne puisse tolérer que l'on enlève à quelqu'un son bien, que celui-ci soit une vache, de l'argent ou une parcelle de terrain, je crois fermement que les humains ne sont véritablement propriétaires de rien, quel que soit l'acharnement avec lequel ils cherchent à ériger des monuments à la gloire de leurs propres progrès, ou des pyramides pour y entasser trésors et momies ; les biens immobiliers, les lingots d'or et les bijoux clinquants dont ils se servent pour éblouir une horde d'admirateurs en pâmoison se retrouveront tôt ou tard entre les mains d'un liquidateur de sucession qui aura à répartir ce butin entre les héritiers éventuels.

Comme promoteur du capitalisme et de la libre entreprise, j'essaie de me montrer responsable en tant que gestionnaire, en recherchant le bien-être de tous dans des relations gagnant-gagnant. Dans ce monde moderne et virtuel qui est le nôtre, et où l'accès aux ressources est instantané, je comprend combien il est important de considérer toute personne l'égale de n'importe lequel des gardiens de troupeau, jardiniers, domestiques, gardiens de bateau, concierges ou tout autre individu habitant ce lieu sauvage, ne serait-ce que pour un bref moment. De présumer qu'il en est autrement risque de nous faire perdre de vue la raison pour laquelle nous sommes en vie et connectés au monde naturel, passé, présent et à venir. Parfois, c'est lorsque nous nous trouvons dans l'endroit le plus humble et que nous sommes confrontés à nos limites que cette profonde vérité nous frappe de plein fouet.

Les habitations maasaïs que nous avons vues avaient l'aspect de huttes en forme d'igloo, fabriquées à partir de branches entrelacées remplies de feuillage et ressemblant à des paniers renversés dont l'extérieur est recouvert de fumier de vache pour protéger du vent et de la pluie. Tandis que nous roulions vers le village, on aurait dit des monticules géants parfaitement érigés par des termites et qui se mariaient complètement avec l'environnement.

Une des expériences d'illumination qui a touché mon âme au plus profond par sa sagesse fut la révélation que ce n'est pas vraiment ce que je possède qui compte, mais ce que je m'efforce de faire avec ce que je possède.

Nous sommes entrés dans le village, ou *enkang,* par une ouverture pratiquée dans le mur très épais de branches épineuses séchées qui entoure les maisons, pour protéger l'enclave des lions, des léopards et des hyènes. La responsabilité de construire la maison pour sa famille revient à chaque épouse, et John a demandé à l'une d'elles la permission d'entrer chez elle pour y jeter un coup d'œil.

Nous devions nous pencher pour franchir l'ouverture étroite menant à l'intérieur du logis, qui consistait en une seule pièce. On y voyait un espace pour dormir assez vaste pour accommoder plusieurs personnes à la fois, et un autre plus petit et privé, pour la mère de la maison et ses jeunes enfants. Nous nous sommes assis sur le large lit, et une fois que nos yeux ont été habitués à la pénombre, nous avons pu constater qu'il était fabriqué de branches robustes, recouvertes de peaux moelleuses.

La femme était en train de brasser du lait caillé dans une gourde avant de le mélanger à son repas. Les produits de base utilisés pour se nourrir semblaient se résumer au lait, à une sorte de yogourt, à de la viande et du sang provenant du bétail ainsi que du miel. Le foyer se trouvait au centre de la maison, et servait à la fois pour cuire les aliments, pour le chauffage et l'éclairage. La seule autre ouverture se trouvait dans le toit, juste au-dessus du foyer, pour laisser la lumière entrer et pour évacuer la fumée que dégageait la flamme.

Le long d'un des murs intérieurs, il y avait un espace servant d'étable, séparé du reste de la maison par une barrière, et réservé aux bébés chèvres et aux petits veaux. Ces derniers se montraient très amicaux et bruyants et nous avons conclu qu'ils devaient être des réveils très fiables dès le lever du jour.

De solides arguments peuvent être invoqués à l'égard de certains rituels ou pratiques qui favorisent une société paternaliste où les femmes occupent des positions subalternes. Toutefois, l'Écriture affirme avec sagesse : « Que celui qui est sans péché lance la première pierre. » Il serait donc insensé pour quiconque est issu de notre culture occidentale, caractérisée par la violence, la poursuite des plaisirs et la lutte des classes, de se poser en juge par rapport à une autre culture et de dénigrer les gens qui en font partie à cause de leur style de vie.

Ma famille et moi préférions porter nos regards sur ce qui est bien dans la manière de vivre des Maasaïs, plutôt que de nous comporter comme si nous avions reçu la mission de convaincre les autres de la supériorité de notre propre culture.

Sans l'ombre d'un doute, les mâles sont favorisés dans la culture maasaï en termes de rang et de privilège ; leur avancement social s'opère à travers une sorte de hiérarchie qui s'apparente au mouvement des scouts, avec son système de badges obtenus en fonction du mérite. Le rapport hiérarchique est basé sur le temps durant lequel un membre occupe un rang en particulier et sur certains exploits faisant partie d'un certain rituel. Chaque mâle maasaï est affecté à un groupe d'âge qui lui correspond, un système qui lui procure un sentiment d'appartenance et qui correspond aux trois étapes de la vie – l'enfance, l'âge d'être un guerrier et celui d'être un aîné.

Au bas de la hiérarchie se trouvent les enfants, ou *inkera*. Avant d'avoir atteints l'adolescence, les enfants mâles et femelles ont des responsabilités mineures, dont celle de prendre soin du jeune bétail comme nous avions pu l'observer à l'intérieur de la maison.

Nous avons été frappés par la jovialité et le caractère taquin et enjoué des jeunes enfants. On ne les voyait jamais se plaindre ou s'objecter, et ils s'adressaient toujours aux adultes en utilisant le terme *papa* ou *maman*. En les regardant s'amuser si bruyamment, glousser et jouer à cache-cache, et à différents jeux avec des balles et des bâtons, je me suis remémoré ma propre enfance sans télévision.

Que faisions-nous avant qu'il y ait la télé ? Nous nous amusions dehors, nous nous servions de notre imagination et nous débordions d'activité. Cette réalité devrait nous interpeller quant à notre notion du progrès. En quoi un mollasson se goinfrant de chips devant la télé est-il avantagé et plus éveillé qu'un enfant grandissant au bord de la Mara ?

Le prochain groupe d'âge comprend les garçons entre 14 et 18 ans, lesquels ont été circoncis. Avant leur circoncision, a lieu une cérémonie appelée *alamal lengipaatai*, durant laquelle les garçons reçoivent un nouveau nom générationnel qui indique qu'ils ont évolué de leur statut initial de *inkera*. La circoncision, ou *emorata*, souligne le passage de la jeunesse à la vie d'adulte et le garçon est supposé demeurer stoïque et ne manifester aucun signe de douleur durant le processus. Une fois le rituel complété, il devient un jeune guerrier et doit projeter l'image de quelqu'un qui est fort, tendre, rusé, sage et courageux, quelqu'un qui est passionné autant de chasse que de poésie. Les jeunes guerriers, ou *ilmoran*, demeurent dans leurs propres hameaux appelés *emanyatai*, en compagnie de leur mère et de leurs frères et sœurs plus jeunes. Ils ont la responsabilité de protéger la communauté, les troupeaux et les pâturages avoisinants des intrus potentiels.

Une fois qu'ils rencontrent certaines exigences liées à leur physionomie, à leur âge et à la culture, les jeunes guerriers deviennent des guerriers matures. La prochaine étape d'avancement est celle d'aspirant aîné, lorsque, en plus de se marier et d'assumer des responsabilités familiales, ils participent aux décisions pour tout ce qui touche aux questions d'importance pour la communauté, et qu'ils reçoivent également le pouvoir de prononcer des bénédictions et des malédictions.

J'ai demandé à John, qui à ce moment-là occupait la position d'aspirant aîné sur le point de progresser vers le statut d'aîné établi, quel était, au juste, ce pouvoir de prononcer une malédiction, ou *oldeket*, et ce que cela lui apportait. Il m'a répondu, en affichant cet incroyable sourire si naturel – du genre de ceux que l'on voit dans les commerciaux de dentifrices –, qu'une malédiction entraînait des difficultés majeures et des conséquences funestes dans la vie du pauvre infortuné qui en faisait l'objet, mais que celle-ci ne pouvait avoir d'effet que dans la mesure où la victime méritait vraiment un tel châtiment.

J'ai alors juré de ne jamais le mettre en colère et j'ai promis de me comporter en client modèle tout au long du safari. À en juger par la mine qu'il affichait, sa démarche décontractée et sa capacité d'adaptation exceptionnelle lui permettant de composer avec n'importe quelle situation, je doute fort que John ait jamais utilisé son pouvoir de maudire qui que ce soit, et qu'il ne le fasse jamais. Toutefois, en guise de protection contre toute possibilité de malédiction «éventuelle», je me suis assis à ses côtés à chaque excursion : je le flattais continuellement et j'ai suivi ses instructions à la lettre.

Si vous croyez un seul mot de ce que je viens d'écrire, j'aimerais vous vendre la première franchise de motoneiges au Kenya ! En vérité, j'étais assis avec lui parce que je voulais voir absolument tout ce qu'il voyait lui-même et le féliciter pour ses connaissances encyclopédiques, parce que c'était si instructif et intéressant de l'écouter ; et j'ai suivi ses instructions à la lettre parce qu'il était notre guide et que je n'étais qu'un novice n'affichant pas la forme, un modeste bipède inquiet d'occuper une position enviable dans la chaîne alimentaire.

L'objectif ultime d'un Maasaï est de gravir les échelons pour atteindre le stade d'aîné, situation à laquelle John aspirait dans un avenir proche, selon ses dires. Ces aînés exercent les fonctions de sorcier, de leader spirituel et de juge, lesquelles exigent que l'on fasse preuve de sagesse, de discipline et de sérieux. Leurs principales activités incluent le règlement de litiges, l'enseignement, la transmission des traditions et coutumes du passé et la réflexion quant au sens de la vie. Évidemment, un homme instruit et habile comme John a un pied posé fermement sur le territoire Mara en tant que premier guide de safaris au Kenya, et l'autre planté solidement auprès de sa propre famille, qui vit près de Nairobi.

John Sempeke est unique en ce qu'il se trouve tout aussi à l'aise dans le monde moderne que dans le paradis sauvage ; il fait la transition de l'un à l'autre comme s'il changeait de vêtements plutôt que d'utiliser un appareil à voyager dans le temps. Il sait parfaitement s'y prendre autant avec un portable qu'avec un lion et paraît aussi à son aise dans un kaki, un trois-pièces ou dans sa toge rouge, bien qu'il soit facile de deviner d'un coup d'œil où irait sa préférence s'il n'avait qu'un seul choix.

Mes deux filles se sont montrées très intéressées par le statut des filles et des femmes maasaïs, qui ne suivent pas nécessairement le même cheminement professionnel que les hommes et ne jouissent pas des mêmes libertés. Je dois admettre que nous étions dans un coin reculé de l'Afrique de l'Est et à une bonne distance de la vie urbaine kenyane, là où les femmes maasaïs, de même que les hommes, d'ailleurs, s'affirment de plus en plus dans toutes les sphères professionnelles à mesure que les possibilités de s'instruire, de développer leurs habiletés et de parfaire leurs connaissances leur procurent un savoir permettant de saisir des occasions qui n'avaient jamais existé pour elles ou pour eux, auparavant.

Toutefois, je pouvais ressentir le malaise de mes filles lorsqu'elles ont constaté certaines inégalités entre le style de vie des hommes et celui des femmes, incluant le fait que les hommes pouvaient avoir plus d'une femme, et que chaque femme avait la responsabilité de construire sa propre maison à l'aide de branches, de feuilles et de fumier de vache. La bonne nouvelle est qu'elles sont des mères très dévouées, des artisanes remplies de talent pour ce qui est de la conception et de la fabrication de vêtements et de bijoux, qu'elles démontrent beaucoup de vaillance dans leur travail, paraissant toujours joyeuses et paisibles, et qu'elles peuvent construire leur maison absolument comme elles le désirent, littéralement. Ce sont elles qui décident de sa superficie, de la forme et du style, et elles en réalisent la construction elles-mêmes.

Pour équilibrer les choses quant au statut des femmes dans l'*enkang*, les maisons sont considérées comme étant leur propriété privée. Bien que les hommes soient considérés comme les chefs de famille, les femmes sont chefs de leur maison, et le mari n'a pas le droit d'y entrer sans le consentement de son épouse, ce qui a suscité une réaction d'enthousiasme chez Debi et Dayna, en guise de consolation. De plus, on nous a fait part d'une coutume – qui n'est peut-être plus en vigueur de nos jours – permettant aux autres femmes du village de battre un homme qui maltraite son épouse, de saisir son bétail et de le priver de sa femme, le laissant seul pour s'occuper des enfants et de lui-même. Nous pensions qu'une telle mesure pourrait certainement contrer la violence faite aux femmes dans notre pays, une réalité qui est souvent balayée sous le tapis.

Le mariage en territoire maasaï n'est pas seulement un contrat et un échange de vœux entre les individus, mais également entre les familles.

Une épouse maltraitée reviendra souvent dans sa propre famille et s'il y a preuve que son mari a agi avec cruauté à son égard, le mariage est alors dissout. Toutefois, le divorce n'est pas fréquent parmi les Maasaïs ruraux, car le conseil des aînés est là – dans l'éventualité où un couple traverse des temps difficiles – pour écouter, pour discuter des enjeux de la situation et pour encourager le couple à régler ses différends. En Amérique, il est si facile pour l'un ou l'autre des conjoints de se rendre à Vegas et y obtenir un divorce vite fait.

Je pourrais consacrer un livre entier aux coutumes, aux cérémonies, aux principes de vie de même qu'aux défis auxquels ces gens extraordinaires sont confrontés; ils règnent en véritables seigneurs sur la région que nous avons eu le privilège de visiter.

Tout ce que nous désirions au départ, en passant ces quelques heures dans un de leurs villages, était de pouvoir observer les enfants en train de s'amuser, d'épier leur joie de vivre et leur innocence, et de repartir avec un sentiment d'empathie et de compréhension pour la manière dont ces «vrais» Maasaïs vivent leur quotidien au bord de la rivière Mara, au 21e siècle.

Nous étions là à l'indicatif présent, jetant un coup d'œil au passé.

Il est évident que les Maasaïs se dirigent tout droit vers une collision frontale avec l'avenir. Leurs coutumes survivent et perdurent, mais leur société, elle, n'y parviendra peut-être pas. Ils sont une espèce en voie d'extinction, tout comme le rhinocéros et le tigre le sont dans leur habitat naturel envahi par les bulldozers. Le changement est inévitable, et le progrès ne va pas toujours dans le sens d'une amélioration réelle de la situation.

L'autorité des aînés maasaïs traditionnels s'est érodée considérablement à la suite des efforts constants du gouvernement de favoriser l'élection de leaders et de représentants qui ne proviennent pas de leurs communautés locales. La réduction du territoire de pâturage résultant de l'expansion des zones d'habitation et d'agriculture a fini par restreindre leurs déplacements, tout comme l'assèchement rapide des points d'eau surpeuplés le font pour ses habitants au cours d'une sécheresse. Le vieux système de troc par lequel on pouvait offrir du bétail à un voisin en échange de son travail n'est plus en vigueur. L'alimentation est dorénavant moins une question de choix que de survie. L'écart se creuse de plus en plus entre les riches et les pauvres. Les taux de mortalité infantile et d'analphabétisme demeurent à des niveaux élevés. L'eau potable se raréfie. Tous ces facteurs agissent de concert pour imposer l'urbanisation par crainte d'extinction, les forçant à adopter la modernité au lieu de n'avoir nulle part ailleurs où aller.

De retour dans notre véhicule, nous nous sommes dirigés vers la sortie du village en saluant les enfants de la main jusqu'à ce que leurs silhouettes se perdent à l'horizon. Comme je suis un éternel optimiste, je conservais le sentiment que les Maasaïs demeureraient dans leur patelin aussi longtemps que se poursuivraient les éternelles migrations des grands troupeaux ; tant qu'il y aurait des lions allongés dans l'herbe haute ; tant qu'il y aurait des gens comme Calvin et Louise Cottar, préoccupés de préserver la vie sauvage par tous les moyens et des aînés sages et instruits tels que John Sampeke. Il arrive parfois qu'une poignée d'individus parviennent à rediriger le courant d'une rivière torrentielle et, ainsi, à modifier le cours de l'histoire.

Une chose est sûre concernant les Maasaïs de la région de Mara. Ils font preuve de résilience et forment un peuple fier. Ils ont un dicton qui leur a été transmis au fil des siècles et qui sert parfaitement leur cause : Erisyo laikin o kaa. «La défaite et la mort sont une même réalité.» Donc, ils ne capitulent jamais. Il est impossible de mettre un Maasaï en cage comme un animal dans un jardin zoologique. Ils sont nés libres, et je prie que, grâce à leur ingéniosité, aux ressources dont ils disposent et aux conseils, ils réussiront à survivre.

Leur destinée est inexorablement liée à celle de notre propre société. Aucune société ni aucun empire n'a jamais réussi à survivre à sa propre hégémonie. Passez en revue la dynastie Ming, celle des Mayas, des Incas, des Aztèques, de l'Égypte, de Rome, de Sparte, des Vikings, des rois de France, du Royaume-Uni et de l'Union soviétique, pour n'en nommer que quelques-unes. Le vieil adage demeure vrai : «Si nous n'apprenons pas de l'histoire, nous finirons par la répéter». Le grand rêve américain fournira-t-il la prochaine leçon, à cause de sa complaisance, de son orgueil démesuré, du gaspillage des ressources et de sa politique à courte vue ? Les animaux sauvages et les peuples de l'Afrique de l'Est ne sont-ils pas en mesure de nous prodiguer de précieux conseils à ce sujet ? Ils en sont sûrement capables puisque, comme l'affirme l'expression populaire, ils connaissent bien la musique.

Quelles étaient les leçons à retenir ce matin-là pour mes filles, mes gendres et moi-même ? Nous en avons discuté ensemble tandis que nous poursuivions notre route vers l'inconnu. J'ai griffonné une petite liste de notes dans mon journal, en date du 21 août.

Puis j'ai fermé le journal et saisi les jumelles. Nous étions dehors et prêts à nous amuser.

Et nous nous sommes demandés qui nous suivait à la trace tandis que nous pensions être en train de suivre la leur.

• *Rendre la vie plus simple. Ne plus accumuler de choses. Plutôt commencer à célébrer, même sans raison apparente.*

- Amasser de vrais souvenirs au lieu de babioles.
- Faire des recherches sur les ancêtres de la famille. Quelle était la trame de leurs vies ? Quel héritage spirituel et profond ont-ils cherché à nous laisser ? Qu'avons-nous appris de nos parents et de nos grands-parents, et quelles sont les choses que nous appréciions le plus chez eux ?
- Quelles sont les choses que nous sommes disposés à abandonner avec joie en vue d'améliorer la qualité de notre vie ?
- Quelles sont celles que nous n'abandonnerons jamais, quoi qu'il arrive ?
- Rêver comme si nous avions l'éternité devant nous. Vivre comme si nous n'avions que le jour d'aujourd'hui.
- Ne pas traiter les autres de la manière dont ils s'attendent à être traités. Traiter chacun comme il devrait être traité afin qu'il comprenne qu'il lui est possible d'atteindre son plein potentiel en puisant dans les ressources que constituent ses propres valeurs et son héritage personnel.
- Ne jamais mesurer la valeur d'une personne en fonction de sa maison de branches recouvertes de fumier de vache. Cette personne peut se révéler plus saine, heureuse et sage que nous, ce qui est probablement le cas.
- Il n'est jamais bien de faire du tort à la nature.
- Apprécier ce que nous avons, même lorsque nous ne possédons pas tout ce que nous aimerions avoir.
- Nous sommes tous différents, et le safari auquel nous prenons part se déroule dans une seule et même direction.

CHAPITRE SIX

La grande migration

C'est une chose de regarder par le hublot d'un avion et d'admirer le déplacement des troupeaux de gnous et de leurs compagnons de route, les zèbres et les antilopes, de Serengeti vers la Mara. Mais c'en est une tout autre de se retrouver dans l'épicentre du même phénomène et de sentir le sol trembler sous vos pieds. Les documentaires télévisés, les vidéos et les photos ne peuvent lui rendre justice. Et ces quelques mots inappropriés avec lesquels je vais tenter de décrire ce que nous avons vu ne feront certainement pas mieux.

Il faut se trouver là, sur place, pour contempler l'une des dernières merveilles du monde.

La réserve sauvage de Maasaï-Mara, au Kenya, se déploie jusqu'à la frontière de la Tanzanie, où elle devient la grande plaine de Serengeti, avec son fameux parc national. Si on ajoute à cela les 320 kilomètres carrés entourant la rivière Mara, vous avez là une immense réserve sauvage dont la dimension équivaut presque en superficie à l'État de la Nouvelle-Angleterre, aux États-Unis. La désignation officielle de la région de Maasaï-Mara est celle d'une réserve faunique, qui diffère d'un parc national en ce qu'une telle réserve permet aux personnes qui y habitent d'y faire paître leurs troupeaux et de chasser lorsqu'ils sont attaqués par un animal. Dans un parc national, l'ensemble du territoire est réservé à la vie sauvage dans un environnement naturel protégé, sans qu'il soit permis d'y élever du bétail.

La région de Serengeti, en Tanzanie, est à son meilleur pour les safaris sauvages durant les mois de décembre à mai, une période de pluies intermittentes. Durant ce temps, de grands troupeaux de gnous et de zèbres se rassemblent dans les vastes plaines qui se trouvent dans la partie sud du territoire. La région de Mara atteint son apogée durant les mois de juillet et août, lorsque la migration en provenance de Serengeti bat son plein.

Le territoire de Maasaï-Mara se trouve dans la vallée de la Grande-Crevasse, une faille qui s'étend sur une distance d'environ 4 500 kilomètres, de l'Éthiopie, près de la mer Rouge, à travers le Kenya, la Tanzanie, le Malawi et jusqu'en Mozambique. Il y a quatre types majeurs de terrains dans la région de Mara : d'abord les collines de Ngama, à l'est, avec leur sol sablonneux et leurs buissons feuillus qui constituent la nourriture préférée du rhinocéros noir, une espèce rare ; puis il y a l'escarpement Esoit Oloololo, formant la frontière ouest et remontant vers un magnifique plateau ; il y a également le triangle de Mara en bordure de la rivière Mara, avec sa végétation luxuriante et ses forêts d'acacias qui abritent une énorme quantité de bêtes sauvages, et tout particulièrement les gnous en migration ; puis, il y a les plaines centrales formant la majeure partie de la réserve, avec leurs buissons éparpillés çà et là, leurs gros rochers et leurs prairies ondulées qui font les délices des animaux y habitant.

Les estimations varient considérablement – à plus ou moins un demi-million, semble-t-il –, mais on raconte que la population des gnous dans la région est de plus de un million et demi de têtes, et leur nombre va en augmentant. Même au cours de notre première sortie, nous avions l'impression de les avoir tous aperçus, bien que nous n'en ayons rencontré que quelques milliers. Les lions, les hyènes, les guépards, les chiens sauvages et les léopards essaient tant bien que mal de maintenir l'équilibre, mais la proie a supplanté nettement le prédateur dans leur cas.

De notre Land Rover, j'observais ces armées continuellement en mouvement à l'aide de mes jumelles. À distance, la chose m'apparaissait – comme cela avait été le cas à vol d'oiseau – pareille à de gigantesques colonies de fourmis couvrant la plaine d'innombrables taches sombres.

Lorsqu'on les examine de près, les gnous constituent un assemblage plutôt hétéroclite et fascinant. De couleur étain, ces créatures à la barbichette blanche ont une tête qui semble disproportionnée par rapport au reste du corps, et ils ressemblent à une version rachitique et anorexique du bison nord-américain. Si on inverse l'image, notre

bison nord-américain ressemble à un gnou obèse, saturé de repas-
minute et gonflé aux stéroïdes.

Au milieu de ces masses bruyantes, nous avons eu un aperçu de ce que nos propres populations autochtones ont pu vivre au quotidien, il y a des centaines d'années, lorsque environ 30 millions de bisons parcouraient les vastes plaines des États-Unis et du Canada.

Les gnous sont très bruyants. Ils émettent un grognement sec qui ressemble à celui d'un bouc de forte stature ou d'un vieillard en train d'avaler un crapaud. Beaucoup de gens les trouvent affreux ou disgracieux, mais nous les avons trouvés charmants, avec leurs manières empruntées à la comédie, bien que nous les afflublions tous du même prénom «Joe», parce qu'ils se ressemblaient à s'y méprendre, à l'exception des jeunes gnous qui ont les cornes encore droites plutôt que recourbées.

Avec leur énorme tête, leurs épaules surélevées, leur arrière-train en pente et leurs jambes étroites et grêles, ils semblent aller chacun leur chemin, jusqu'à ce que vous les voyiez s'ébattre ou s'enfuir au galop. Ils sont étonnamment agiles et peuvent atteindre rapidement leur pleine vitesse pour s'enfuir dans tous les sens lorsqu'ils sont effrayés, ce qui constitue leur seul moyen de défense contre les prédateurs.

Le principal moyen de survivre pour les gnous réside dans le
fait qu'ils forment une multitude. Comme si la nature leur avait
murmuré un secret, les femelles choisissent toutes de mettre bas
sur une période d'environ trente jours, et uniquement durant le
mois de février.

La maman gnou, qui met bas couchée par terre, se relève aussitôt après, coupant ainsi le cordon ombilical. Le bébé se lève sur ses pattes et court aux côtés de sa maman et du reste du troupeau environ six ou sept minutes après sa naissance, ce qui constitue sans doute un record de coordination chez les mammifères à quatre pattes. Tous les veaux sont d'un brun plutôt pâle, avec une tête noire, et ils n'ont aucun signe qui les distingue les uns des autres. Les veaux reconnaissent leur maman à son grognement particulier, tandis que les mères reconnaissent leurs petits à leur odeur. Malgré tous mes efforts, je n'ai jamais réussi à distinguer un grognement d'un autre parmi ces milliers de gnous rassemblés que nous avons vus et entendus. J'étais éberlué de constater que un million et demi d'entre eux savaient bien reconnaître la voix de l'un ou de l'autre dans cette multitude, de même que répondre aux salutations et aux appels. Cela dépasse l'entendement.

En tenant compte du fait que la région assure les réserves en nourriture pour un nombre incalculable d'animaux sauvages tels que les gnous, les zèbres, les topis et les gazelles, de même que les girafes, les rhinocéros noirs, les buffles, les élans et près de vingt espèces d'antilopes, nous avons demandé à John, notre guide, comment ces prairies pouvaient soutenir ainsi un si large éventail d'herbivores sans être rapidement épuisées. John nous a expliqué que la plupart de ces espèces sont différentes sur le plan écologique; certaines le sont en raison de leurs besoins particuliers en nourriture, et d'autres, à cause de leur préférence pour tel ou tel type de végétation dans la prairie – terrain ouvert ou boisé, sec ou marécageux. Il s'agit là d'une sorte de synergie associée à l'ordre naturel des choses. Les buffles d'eau et les buffles de roseaux se tiennent dans les prairies marécageuses et se nourrissent principalement des végétaux qui s'y trouvent. Les impalas et les gazelles de Grant broutent le feuillage des arbustes, en plus de se nourrir d'herbe, ce qui fait qu'on les trouve plutôt dans la plaine ou dans les buissons.

Les gnous, les zèbres, les topis et les gazelles de Thomson sont des animaux de pâturage, c'est pourquoi ils se plaisent au milieu des grandes plaines. Bien que ces quatre espèces se nourrissent de la même végétation, elles n'entrent pas véritablement en compétition les unes avec les autres parce qu'elles se nourrissent chacune de la même végétation, mais à différentes étapes de croissance. Au départ, les zèbres mangent la partie extérieure des tiges qui est trop coriace pour les antilopes. Les zèbres ont des incisives aux deux mâchoires, qui leur permettent de venir à bout des tiges rêches, et leur système digestif est conçu pour transformer ce type de nourriture à valeur moins nutritive.

Ensuite viennent les topis avec leur museau pointu qui leur permet d'atteindre les zones inférieures des branches. Avec leur museau carré, les gnous, quant à eux, se repaissent des feuilles à leur niveau et après quelques jours de ce processus efficace de fauchage et d'élagage par les grands animaux de pâturage, une nouvelle couche de végétation pousse à la base et fournit de la nourriture aux minuscules gazelles de Thomson.

Même le gigantesque buffle du cap joue son rôle dans le maintien d'un sain pâturage. Comme il se nourrit principalement la nuit, il fouille de son groin sous la première couche d'herbe coriace et mange les pousses vertes plus tendres qui se trouvent en dessous. Durant ce processus, il piétine une partie des tiges plus rigides qui n'ont pas été mangées, lesquelles deviennent du paillis qui stimule la croissance de nouvelles plantes.

C'est ainsi que le cycle se continue à travers les millénaires. Après six mois passés à brouter dans les pâturages de Serengeti, en Tanzanie, la promesse de la pluie et de la nouvelle végétation, source de vie, appelle plus de un million de gnous à se rassembler en un seul troupeau, durant les mois de juillet et août, pour se déplacer à travers la frontière nord, jusque sur le territoire de Mara.

La région de Mara, qui se trouve à plus de 1 200 mètres d'altitude, reçoit des pluies abondantes. Les orages provenant du lac Victoria, à quelque quatre-vingts kilomètres à l'ouest, rafraîchissent ses larges plaines durant une saison de pluie prolongée. Les précipitations alimentent sa savane luxuriante, qui s'étend sur une largeur de soixante-dix kilomètres et est enclavée entre les monts Loita et l'escarpement très prononcé d'Oloololo (ou de la Syrie), marquant de façon abrupte le district ouest de Mara. Essentiellement, Mara est une contrée ouverte : le terrain plat et verdoyant de ses pâturages parsemés d'arbres est parfois brisé par la présence d'une colline ou par des parcelles de taillis plus épais.

Durant et après les pluies, le pays de Mara se pare d'une verdure éclatante. Durant les mois de sécheresse, les verts altérés des buissons et les taches sombres des forêts en galeries forment un tableau contrastant, sur fond de grandes herbes dorées des plaines. Quelle que soit la saison, le territoire de Mara est magique sur l'ensemble de son étendue, regorgeant de toutes sortes de vies sauvages, incluant plus de cinquante espèces d'oiseaux de proie.

Telle une invasion étrangère s'apparentant à la séquence du film Le Seigneur des Anneaux, la migration des troupeaux de gnous soulève un tourbillon de poussière dans lequel se déplace une mer de cornes, tandis qu'ils font leur entrée spectaculaire, formant

une colonne de soldats en marche qui s'étend d'un horizon à
l'autre.

Le long de la rivière Mara, nous étions assis, fascinés par le spectacle des gnous rassemblés sur la rive, comme s'ils attendaient le coup de sifflet de l'arbitre pour plonger dans les eaux traîtresses en vue d'atteindre l'autre côté. Mais cela n'avait rien d'un événement sportif. C'était le jeu de la vie et de la mort se poursuivant inexorablement depuis des siècles. Une armée de crocodiles, certains ayant plus de cinq mètres de longueur, se plaçaient silencieusement en position sur leur passage, tels des sous-marins à l'affût de cargos sans défense. Mon cœur souhaitait secrètement que les gnous et les zèbres franchissent en toute sécurité ces eaux tumultueuses et troubles, et échappent ainsi aux mâchoires préhistoriques meurtrières.

Les multitudes qui survivent aux eaux en furie et aux prédateurs innombrables passent un bref moment à brouter l'herbe luxuriante de la Mara avant d'entamer le voyage de retour de sept cent cinquante kilomètres vers le sud de Serengeti, en octobre, avant la saison des pluies.

Une fois les bêtes revenues en Tanzanie, leurs petits viennent au monde en février, ce qui leur donne suffisamment de temps pour devenir assez robustes avant d'entreprendre la longue marche vers le Nord, six mois plus tard.

Je n'ai pas dit grand chose sur le chemin du retour vers notre
campement. L'expérience dans son ensemble est si renversante
que la chose exige un effort mental et émotionnel considérable
pour en intégrer les multiples dimensions. En résumé, une telle
aventure nous rend humble.

Un safari est un cours intensif où l'on apprend à distinguer ce qui compte vraiment de ce qui ne compte pas. Le spectacle de la grande migration est d'une telle envergure en tant que phénomène naturel, qu'il est difficile à imaginer. Le fait d'y assister m'a amené – moi qui me considérais auparavant comme le nombril du monde – à me voir plutôt comme un hautboïste dans un grand orchestre comprenant un maestro et des milliards de musiciens occupés à jouer une symphonie ininterrompue. J'avais ma partition à interpréter, mais je n'étais ni soliste ni virtuose, et ma contribution au résultat final était si brève que les quelques notes que j'avais à lancer en l'air ne me semblaient rien de plus qu'un clin d'œil dans le schéma d'ensemble des choses.

Trop souvent, étant donné les ressources dont nous disposons de par notre intellect, nous avons tendance à rationaliser nos faiblesses et à chercher à justifier notre conviction d'une soi-disant supériorité par rapport aux autres formes de vie. Il en résulte que nous nous sentons déconnectés du reste du monde animal, comme si nous étions une foule de spectateurs sophistiqués, qui apprécient la performance musicale, mais se sentent séparés des musiciens par la fosse de l'orchestre.

Là, au bord de la Mara, c'est comme si je m'étais reconnecté à l'orchestre et à la symphonie. Il n'y avait ni public, ni fosse d'orchestre.

Nous faisons tous partie de la même mélodie inachevée, tous partie de l'équilibre naturel des choses. Lorsque nous essayons de trouver une place ailleurs où nous asseoir, nous nous mettons alors en déséquilibre et nous perdons notre synchronisme avec le reste de la nature.

J'ai écrit ces trois mots dans mon journal : intemporalité, humilité, harmonie.

CHAPITRE SEPT

Laisser tomber les masques

De retour au campement, un peu fatigués et engourdis par les activités de la journée, nous avons pris une douche, changé de vêtements, et nous nous sommes joints aux autres invités rassemblés autour du feu de camp. Une des nombreuses surprises agréables qui nous attendaient fut sans conteste le climat plutôt frais et tonifiant des soirées, qui nécessitait un pull léger, de même qu'un verre de vin rouge ou de sherry au coin du feu. Comme je l'ai mentionné précédemment, le niveau en altitude et l'aridité du climat empêchaient la présence de moustiques, ce qui contribua à faire du rituel de ces soirées passées autour du feu l'un des aspects les plus mémorables de notre voyage.

Tous les mets et les breuvages délicieux, incluant les hors-d'œuvre et les vins millésimés étaient inclus dans notre forfait. À la fin de mon deuxième safari, l'année d'après, je me trouvais si détendu et à mon aise dans le milieu, avec les guides et les autres membres du personnel de soutien au camp des Cottar de style 1920, que nous nous sentions tous comme des frères et sœurs au cours d'une réunion de famille annuelle. Calvin et Louise se sont montrés très généreux en servant des vins d'une qualité que je n'avais jamais goûté jusqu'ici, et je crois qu'ils ne s'attendaient pas à rentrer d'un voyage de ravitaillement, à Nairobi, pour constater que les guides et moi avions vidé huit de leurs meilleures bouteilles grand cru empruntées à leur cave personnelle, parce que nous nous étions laissés emporter, jusqu'aux petites heures du matin, par le récit passionnant de situations où nous l'avions échappé belle et autres aventures extraordinaires en brousse.

Je crois avoir mangé et bu suffisamment durant mes séjours au camp pour que ceux-ci soient considérés comme des événements à but non lucratif pour les Cottar, mais ils en connaissent un chapitre sur les rapports et l'agir des humains, de même que sur le comportement des animaux, surtout en brousse ; et ils ont créé une atmosphère propice à la transformation de l'être en profondeur, du personnage que nous croyions être chacun dans son patelin, en la personne que nous sommes vraiment, sans le masque de prétention que nous nous étions façonné dans la vie.

Ma famille et moi avons discuté souvent de cette question de vulnérabilité, nous rappelant les leçons apprises et les visions acquises au cours de nos safaris. Chacun des invités était accueilli comme un nouvel ami vêtu d'un kaki, avec qui échanger au coin du feu. Nous parlions des étoiles et des constellations qui scintillaient plus que jamais auparavant pour chacun de nous, même ceux qui avaient pu observer le firmament du sommet d'une montagne, dans le désert ou au beau milieu de l'océan durant des nuits sans nuages, sans brume et sans couche d'ozone.

> L'aspect le plus intéressant de ces soirées rencontres autour du feu est le fait que personne ne parlait jamais de ses affaires, de ses problèmes personnels ou des bouleversements à travers la planète. Dans un tel contexte, il semblait incongru et déplacé de parler de ces sujets. Nous n'avions envie de discuter avec un enthousiasme presque enfantin que de beauté, de grandeur et de nos découvertes.

Durant tous mes voyages là-bas, il ne m'est arrivé qu'une seule fois de voir un non-participant. C'était un cadre d'entreprise qui fumait comme une cheminée, le cellulaire collé à l'oreille, donnant des ordres au personnel épuisé de son bureau, à des milliers de kilomètres de distance. Il n'est resté qu'une journée environ et a continué sa route en suivant un itinéraire qui semblait aussi long qu'un store vénitien ; son programme semblait si chargé, qu'on aurait dit une course de vitesse autour du globe, comme on en voit parfois à la télé, ou une chasse au trésor où l'on doit cocher le maximum de points possibles sur une liste en une semaine.

Il n'est jamais arrivé, alors que nous étions rassemblés autour du feu, que l'un de nous parle de sa carrière, de ses biens matériels, de ses exploits, ou de la position qu'il occupe dans son univers personnel. À quoi cela aurait-il servi dans un tel environnement ? Quel aurait été l'intérêt, en réalité, de chercher à impressionner les autres pour qu'ils en concluent que vous êtes un être exceptionnel, une personne importante ou quelqu'un qui a vraiment réussi?

Et nous n'avons jamais parlé de politique ou de convictions religieuses non plus. Dans la région de Maasaï-Mara, les questions d'orthodoxie, les sujets de doctrine et les différentes questions de principes sur lesquels les gens appartenant à différents mouvements sectaires aiment à se chamailler semblaient plus que jamais hors de propos.

Un à un, les pièges et les masques d'une civilisation axée sur la position sociale sont tombés, et les images dont nous nous affublions et que nous projetions sur les autres ont été mises de côté. Chaque soir, tandis que nous observions les flammes danser au gré du vent est-africain, je me sentais de plus en plus nu et transparent.

Était-ce réellement le désir de Dieu que nous nous disputions et que nous nous éliminions les uns les autres pour prouver que notre vision de la création est la véritable? En territoire africain, les choses sont plus terre à terre. Dieu est partout, dirigeant la migration des grands troupeaux, dans la voûte étoilée qui nous sert de plafond, dans le sol sous nos pieds et dans l'air que nous respirons. Plus que tout, Dieu se manifeste dans le secret de notre âme où il se révèle omniprésent, constant et éternel.

Tandis que je lâchais prise, je comprenais la futilité de chacune de mes manœuvres en vue de me faire remarquer comme étant un être à part, un gagnant, et en quelque sorte meilleur que les troupeaux de gnous ou les différents groupes humains qui vivent un peu partout sur la planète. Le soulagement ressenti alors a été indescriptible.

C'était comme si je me débarrassais de ma veille peau ou du vernis qui masquait l'enfant que j'étais à l'intérieur: l'homme-garçon éternellement curieux et avide de quêtes, celui que je suis réellement.

Après que ma famille et les autres invités se furent retirés dans leurs quartiers pour la nuit, je suis demeuré sur place un moment, alors que les tisons embrasés dégageaient leur halo rouge vif et ambre au milieu des roches et des cendres. Le guerrier maasaï qui me servait de guide attendait patiemment, un fanal à la main et sa lance à ses côtés, pour m'escorter vers ma tente, dans la pénombre du petit sentier tortueux.

Je repensais à mes premières armes en tant qu'écrivain, à *Semences de grandeur* que j'avais rédigé vingt ans auparavant, et je me suis surpris à en citer un passage en prose, tiré du premier chapitre, dans lequel je rappelais au lecteur que ces paroles auraient pu être écrites par une quelconque voix qui se cache, invisible, en chacun de nous, son doux murmure évoquant à quel point nous sommes fragiles et sensibles, et combien nous sommes préoccupés par notre propre conscience de nous-même :

« Ne vous laissez pas berner par moi. Ne vous laissez pas berner par la contenance que je cherche à me donner. Je porte un masque. En fait, j'en porte un millier – des masques que je suis terrifié d'enlever et qui ne sont pas le véritable moi.

Je fais comme s'il s'agissait d'un talent quelconque, d'une seconde nature, mais ne vous laissez surtout pas berner. Je donne l'impression que je suis sans inquiétudes, que le soleil brille et que rien ne pourrait me perturber à l'intérieur comme à l'extérieur, que je puise mon identité dans la confiance en moi ; que tout est parfait, que l'eau du lac est calme, que je contrôle ma vie et que je n'ai besoin de personne. Mais ne me croyez pas, je vous en supplie. À la surface, je vous semble peut-être sans histoire, mais cette apparence est un masque derrière lequel je cherche constamment à me cacher de tant de manières.

Derrière, il n'y a ni suffisance, ni contentement de soi. Derrière, il y a le vrai moi luttant avec la confusion et la solitude. Mais je dissimule tout cela. Je cherche à éviter que quelqu'un en découvre la sombre réalité. Je panique à l'idée que ma faiblesse soit ainsi exposée au grand jour.

C'est pourquoi je travaille avec frénésie à créer une image extérieure derrière laquelle me cacher – une façade nonchalante et sophistiquée – pour m'aider à faire semblant, pour me protéger du regard pénétrant de celui qui sait. Pourtant, un tel regard m'est si salutaire : c'est ma seule planche de salut, et je le sais bien. C'est le cas lorsque ce regard pénétrant est suivi d'une acceptation inconditionnelle, qu'il engendre une réponse d'amour.

C'est la seule chose qui peut me libérer de moi-même, des murs de la prison où je me suis enfermé, des barrières que j'érige continuellement et avec tant de soin. C'est la seule chose qui peut m'assurer ce que je ne pourrais jamais me procurer moi-même : le sentiment que j'ai une réelle valeur.

Qui suis-je au juste, vous demandez-vous sans doute ? Je suis quelqu'un que vous connaissez très bien. Je suis chaque personne que vous rencontrez, homme ou femme. Je suis chaque enfant aussi. Je me trouve en face de vous en ce moment. S'il vous plaît, aimez-moi[2].»

Tandis que je me levais de mon siège en toile, jetant un dernier coup d'œil au feu pour m'assurer qu'aucun tison ne soit soufflé par le vent jusque dans l'herbe sèche tout près, j'ai respiré à fond puis expiré lentement, savourant la pensée de ce voyage si exaltant et libérateur pour moi. J'étais un homme qui aimait la vie et qui adorait sa famille. Je m'efforçais de vivre mes années sans suffisance ou trace d'arrogance, cherchant à planter des arbres à l'ombre desquels grandiraient les générations à venir et que je ne connaîtrais pas personnellement. J'aspirais à une vie qui compte, tout en reconnaissant ma propre insignifiance dans le grand tableau d'ensemble, m'efforçant d'apprécier le miracle et le privilège du don de la vie pour ce qu'elle est, et non comme une cause que j'essayais de défendre. Je réfléchissais à toutes les erreurs que j'avais pu commettre au cours de ma vie, en tant que fils, étudiant, officier militaire, mari, professionnel, père et ami.

Puis, je me suis imaginé en train de presser toutes ces fautes en un tas, comme une immense boulette de papier brouillon, et de lancer cette boulette dans le feu pour la regarder se consumer et disparaître en un filet de fumée amenant avec lui tous ces sentiments de culpabilité et ces remords que j'avais trimbalés jusque-là comme des fardeaux, des torts que je ne pourrais jamais réparer.

J'ai décidé, au cours de cette nuit d'août, de lâcher prise devant ma peur du rejet et mes sentiments d'insuffisance, et de les remplacer par les concepts d'amour et d'acceptation inconditionnels. Je me suis engagé à pardonner à quiconque m'avait fait du mal et à me pardonner à moi-même pour tous les torts que j'avais pu causer aux autres par inadvertance. Le flanc des montagnes du Kenya constitue l'endroit idéal où se fixer des objectifs aussi élevés.

Lorsque je parle d'amour de soi, je ne pense pas au narcissisme ou à cette tendance à adorer égoïstement l'image que nous projetons dans le miroir. Je crois que l'estime de soi est la capacité saine de partager avec autrui la valeur intrinsèque que nous ressentons à l'intérieur, sans nous attendre à être payé en retour. Lorsque j'utilise le mot *âme* dans le présent ouvrage, je fais référence à la beauté et à la pureté des valeurs fondamentales d'un individu. Ces valeurs fondamentales irradient à la manière des cercles concentriques provoqués par une feuille se déposant sur le miroir d'un lac.

Depuis ce moment, il est arrivé fréquemment que les gens me demandent quelle est la chose la plus importante à apporter avec soi pour un safari sous la tente, en Afrique de l'Est. Je réponds toujours : « Si vous ne vous aimez pas vous-même et n'aimez pas la vie, vous vous y sentirez perdu, mal à l'aise et ennuyé. »

Les individus qui se préoccupent essentiellement d'eux-mêmes cherchent désespérément un sens à leur vie aux mauvais endroits et auprès des mauvaises personnes ; et ils recherchent constamment l'approbation des autres, ou à exercer un pouvoir sur eux. Ils essaient d'impressionner leur prochain en mettant l'accent sur ce qu'ils estiment valoir au lieu de se soucier de son bien-être en priorité. Leur apparence ou leurs masques prennent habituellement la forme de leur tendance particulière à dissimuler leurs pensées et à cacher leurs véritables intentions.

Un proverbe qui m'aide à garder le cap sur mes valeurs fondamentales est le suivant : «Je me sens digne d'être parmi les meilleurs, mais je ne m'en sens pas nécessairement plus digne que les autres.»

Pour exprimer les choses autrement, je considère que le peuple maasaï, les lions, les gnous, les oiseaux, les papillons, les poissons et les arbres ont un droit égal au mien de vivre et d'atteindre leur plein potentiel. J'apprécie avoir mon propre rôle à jouer dans la quête de ma propre actualisation ainsi que dans la leur, par l'union concertée de nos efforts en une sorte de symbiose.

Les gens que je connais et qui s'appuient sur leurs valeurs intrinsèques s'offrent aux autres librement et gratuitement, en cherchant constamment à équiper autrui. Peut-être n'ai-je réussi à faire rien d'autre qui soit de réelle importance au cours de ma vie, mais j'ai essayé d'inculquer cette vertu à chacun de mes enfants et j'ai tenté également d'incarner cette réalité au quotidien dans l'espoir que mes petits-enfants suivent mes traces. Les individus qui se montrent ouverts, modestes et qui mettent l'accent sur la valeur intrinsèque des personnes ne s'abandonnent jamais à la vanité, qui est tout le contraire d'avoir de la valeur.

Capables de s'apprécier eux-mêmes pour ce qu'ils sont réellement, et n'ayant nul besoin d'exagérer l'importance de leurs réussites ou d'aligner les trophées vantant leur célébrité, ils passent beaucoup de temps à honorer les autres et à souligner leur valeur. Lorsqu'on les félicite, ils répondent en disant simplement *merci* et se plaisent à partager les honneurs avec autrui. Lorsqu'ils commettent des erreurs, ils considèrent celles-ci comme des occasions d'apprentissage et acceptent d'en assumer pleinement la responsabilité.

Mon ami Nathaniel Branden m'a enseigné – de même qu'à plusieurs autres – que l'estime de soi n'est pas une chose qui s'achète ou se gagne dans une arène, se mesure avec un portefeuille d'actions ou une série de trophées de grands fauves suspendus aux murs d'un pavillon de chasse. L'estime de soi est la conviction intime et fondamentale que vous méritez d'être heureux et de réussir, et la pleine assurance que vous avez ce qu'il faut pour relever les défis de la vie. L'estime de soi est aussi vitale pour le développement humain que ne l'est l'oxygène, aussi essentielle que le carbone à partir duquel le diamant est formé. Je croyais auparavant que les diamants étaient surtout recherchés pour leur éclat, mais j'ai découvert que leur véritable valeur réside dans le fait qu'ils sont à peu près indestructibles. Ils sont formés au centre même de la terre et ils sont très rares, c'est pourquoi ils conservent leur valeur indéfiniment.

Peut-être avez-vous déjà atteint le niveau de sagesse qui vous permet de savoir que les diamants que vous cherchez se trouvent enfouis dans votre cour arrière et qu'ils attendent tout simplement que vous les découvriez ? Cette cour arrière est celle de votre esprit – du cœur de votre cœur –, où il vous faut creuser profondément, au centre même de votre être, là où votre sens des valeurs et votre sentiment d'estime de soi sont enracinés.

Je considère dorénavant l'Afrique de l'Est, et en particulier ce site de campement enchanteur au milieu des hautes terres du Kenya, dans le territoire de Maasaï-Mara, comme ma cour arrière personnelle. Ce lieu est devenu un second chez-moi, et il est possible qu'il ait été également le premier lieu de vie de l'homme, l'Éden des origines. Je suis à mon meilleur lorsque je m'y retrouve, parce qu'il y a là tant à observer, à explorer, à vivre et à aimer.

L'amour peut se définir et se comprendre de bien des manières. Pour ma part, j'ai toujours compris ce sentiment comme l'acceptation inconditionnelle d'autrui, le fait de *chercher le bien* en l'autre. Sans doute une des descriptions les plus pertinentes de l'amour est-elle donnée par le Dr Gerald Jampolsky, psychiatre bien connu, auteur et fondateur du *Center for Attitudinal Healing* (Centre de guérison des attitudes), situé à Tiburon, en Californie. Le Dr Jampolsky a consacré des dizaines d'années de sa vie à enseigner aux enfants et aux adultes qui traversent une crise émotionnelle ou physique importante la vérité selon laquelle *aimer est refuser de se laisser neutraliser par la peur.*

L'amour ne laisse ni place, ni justification à la peur. L'amour est naturel et inconditionnel. L'amour ne pose aucune question – il ne fait pas la morale et n'exige rien ; il ne cherche pas à comparer ou à mesurer.

L'amour existe – purement et simplement –, c'est la valeur suprême. Et le plus important est qu'il faut ressentir l'amour d'abord à l'intérieur de soi avant de pouvoir l'offrir aux autres.

Fondamental, n'est-ce pas ? Si nous n'avons pas le sentiment de notre profonde valeur personnelle, nous n'aurons alors rien de vraiment précieux à offrir à qui que ce soit. Portant l'un de nos nombreux masques pour dissimuler le caractère superficiel de notre vie intérieure, nous agirons comme des gens qui ont toujours besoin des autres, dépendants d'eux pour la sécurité qu'ils nous procurent. Nous chercherons leur approbation en les flattant, en cédant à tous leurs caprices, dans l'espoir de nous assurer leur affection. Mais nous ne pourrons véritablement partager un sentiment avec quelqu'un que dans la mesure où celui-ci sera d'abord senti à l'intérieur de nous.

Chercher à retenir l'être aimé ou à le posséder comme s'il s'agissait d'une œuvre d'art ou d'un bijou précieux est la meilleure manière de nuire à une relation et de la voir se briser un jour ou l'autre. L'amour véritable aspire à la liberté et l'offre à autrui, sans pression ni limites. Ce sont de tels sentiments qui flottaient dans l'air parmi nous autour du feu, après que nous ayons assisté à la migration des grands troupeaux.

L'amour n'est pas de chercher à combler nos propres attentes par le biais d'une autre personne ou de la posséder en vue de trouver notre propre épanouissement. L'amour exige le don de soi et le partage, et il est l'expression parfaite de la synergie et d'une relation gagnant-gagnant.

Ce dialogue intérieur commençait à devenir un peu grisant et profond, c'est pourquoi je marchais en silence vers ma tente, en compagnie du guerrier maasaï. Je me demandais quelle aurait été sa réaction en découvrant le sujet de mes réflexions et de mes rêvasseries, mais je me doutais bien qu'il n'avait aucun désir de le savoir, ni aucun intérêt pour de telles complexités. Il a souri et m'a souhaité une bonne nuit dans la langue *maa*. Je l'ai regardé droit dans les yeux, j'ai salué d'un signe de la tête et lui ai rendu son sourire.

Il savait qui il était, où il se trouvait et pourquoi il était là, en terre maasaï. Il n'avait nul besoin de porter un masque et de prétendre être quelqu'un d'autre.

CHAPITRE HUIT

La jungle est un terrain neutre

ôt le lendemain matin, dès le lever du soleil, nous sommes repartis pour une nouvelle excursion en brousse. Nous avons été un peu moins secoués durant la balade, étant donné que la «Chitty-chitty-bang-bang» avait été laissée à un autre groupe et que notre famille était véhiculée dans l'une des Land Rovers presque neuves du parc des Cottar. Nous avons demandé à John Sampeke ce que nous allions voir ce jour-là.

Sa réponse fut aussi simple que profonde : «Nous verrons ce que nous verrons. Ce que nous ne verrons pas aujourd'hui, nous le verrons peut-être demain. Si les animaux sauvages désirent que nous les apercevions, quels qu'ils soient, alors ils se montreront à nous.»

Les touristes forment habituellement des ensembles plutôt hétéroclites, et nous ne faisions pas exception à la règle. Nous étions comme des enfants qui deviennent agités, au cours d'une sortie de l'école, dès qu'il n'y a pas d'action soutenue comme à la télé. Je crois que le monde industrialisé dans son ensemble, les États-Unis y compris, souffre d'une forme spéciale de déficit de l'attention provoqué par la stimulation constante et excessive des médias du divertissement, ce qui entraîne un besoin incessant de gratification immédiate.

Au cours des safaris auxquels j'ai participé en compagnie de mes filles et de leur mari, puis avec le reste de mes enfants et de mes petits-enfants, nous avons eu la chance d'avoir comme guide maasaï, un homme brillant et patient comme John Sampeke. Il a dit, en privé, que nous étions l'un des groupes les plus agréables qu'il avait jamais eu la chance d'accompagner, parce que nous étions ouverts à tout ce qui pouvait arriver et que nous pouvions demeurer assis durant des heures à observer l'univers merveilleux des oiseaux, des insectes, des lions et autres animaux sauvages, sans jamais montrer le moindre signe d'impatience.

Pour bien des touristes, un safari constitue l'occasion par excellence de prendre le plus de photos possible ou de garder l'œil rivé à l'objectif de leur caméra vidéo, pour pouvoir, une fois de retour à la maison, commenter chaque séquence devant des amis ou des personnes réunies, de manière à souligner le fait qu'ils étaient bien là à ceux qui n'y sont jamais allés.

Il est presque obligatoire de participer à deux safaris différents : le premier, pour observer, écouter et apprendre ; le second, pour capter sur vidéo ou pellicule les péripéties de votre voyage. Lorsque vous êtes trop occupé à prendre des photos, vous risquez de rater certains détails et, ainsi, de passer à côté du drame réel qui est en train de se dérouler tout autour. C'est comme être photographe pour une cérémonie de mariage ou un événement sportif quelconque. Vous cherchez à prendre sur pellicule tout ce qui se déroule, mais sans pouvoir en ressentir véritablement toute l'émotion, et vous manquez parfois ce qui se passe d'important autour de vous, de près comme de loin.

Nous avons pris en effet des photos extraordinaires que mes filles ont rassemblées dans un album qui m'a été remis en cadeau de Noël, plus tard cette année-là. Mes deux gendres maniaient leur équipement photographique comme de vrais correspondants en mission pour le *National Geographic*, surtout le mari de Dayna, Tom, qui avait un appareil dont la lentille à elle seule valait plus cher que mes jumelles allemandes à infrarouge et qui offrait un coefficient de grossissement nettement supérieur au leur.

Nous avons fait de merveilleuses rencontres de troupeaux d'éléphants, dont le spectacle nous a réjouis durant des heures. Autour des points d'eau, les mamans étaient obligées de gronder les bébés éléphants et de les frapper avec leur trompe pour les forcer à sortir de l'eau après qu'ils eurent passé quarante-cinq minutes à se rafraîchir, à se rouler dans la boue, à faire des compétitions de plongeon et à s'amuser à arroser les adultes, pour ensuite s'enfuir en courant. Les liens familiaux étaient, selon toute apparence, empreints d'affection mutuelle et le souci pour la sécurité des jeunes éléphants était réellement touchant à observer pour chacun de nous.

Une fois, lorsque nous nous sommes approchés de trop près, un énorme mâle aux défenses impressionnantes est sorti de la brousse en claironnant et s'est mis à charger en direction de notre véhicule. Tom, qui était assis sur le toit de la Land Rover en train de filmer les péripéties de cet épisode, a oublié un détail important. Il observait la scène à travers une lentille zoom très puissante et lorsqu'il a vu l'éléphant se mettre à nous charger tête première, il est tombé à la renverse à travers le toit sur le siège arrière, pour éviter l'impact imminent. L'assaut nous a tous pris par surprise, surtout Tom, mais notre guide, John, s'est mis à rire et il a ajouté qu'il nous trouvait bien plus amusants que les éléphants. L'éléphant mâle, a-t-il dit, ne faisait que nous avertir que nous l'avions contrarié, lui et les siens, en simulant une attaque. J'ai jeté un coup d'œil au pachyderme géant à travers la lentille zoom de Tom. Assurément, il était clair que ses défenses avaient une envergure lui permettant de défoncer notre pare-brise à n'importe quel moment. J'ai réagi également en me calant dans mon siège dès que je l'ai aperçu.

C'est alors que le troupeau entier d'environ cinquante éléphants s'est mis à courir dans toutes les directions. Décontenancés de nouveau par la chose, nous avons regardé John pour qu'il nous rassure. Il a répondu que les éléphants avaient sans doute aperçu un cobra au milieu du troupeau, ce qui est à peu près la seule chose qui peut les faire déguerpir de la sorte. Il arrive à l'occasion que des lions en bande attaquent un éléphant, surtout lorsqu'ils réussissent à isoler un petit. Mais les éléphants vivent en général sans crainte des prédateurs (si on exclut les braconniers qui ont des carabines à longue portée), surtout parce que les bébés sont constamment entourés par les adultes qui veillent à leur sécurité lorsqu'ils sont en train de manger ou qu'ils se déplacent.

Je sais que je ne visiterai jamais plus un jardin zoologique ou un parc d'attractions où les animaux sont enfermés, et ma famille non plus. Il n'y a aucune ressemblance entre les animaux observés dans leur environnement naturel et ceux qui sont dans des cages ou confinés dans des espaces restreints. Dans la nature, ils sont magnifiques. Dans un jardin zoologique, ils manifestent des signes

de paranoïa et deviennent léthargiques, acceptant stoïquement leur
sentence d'emprisonnement à vie, sans aucune possibilité de libé-
ration conditionnelle.

Ceci étant dit, je tiens à ajouter en passant, qu'étant donné l'empiètement des humains sur leur habitat naturel qui diminue sans cesse, la seule manière pour les générations à venir d'observer les animaux sauvages d'Afrique autrement que dans des documentaires, sera d'aller dans des réserves fauniques et des parc nationaux. Les chercheurs de l'université où j'ai fait mes études, à San Diego, en Californie, ont prédit que près de cinquante pour cent de toutes les espèces vivant maintenant dans des réserves en Afrique allaient disparaître au cours des trois siècles prochains.

C'est la raison pour laquelle nous étions à la fois enthousiastes et sombres. Nous ressentions dans l'instant notre lien intime avec le passé, sachant que nos arrière-petits-enfants et leur progéniture n'auraient sans doute pas la même chance que nous dans les années à venir. Ainsi, nous avons savouré chaque apparition et chaque rencontre.

Nous nous sommes esclaffés en voyant les phacochères et leurs petits porcelets, à genoux, en train de labourer le sol de leur groin, à la recherche de tendres racines, et guettant sans cesse la présence de prédateurs qui les considèrent comme un mets de prédilection. Nous avons même été émerveillés par les hyènes, dont la démarche nous faisait penser chaque fois à celle de maraudeurs escrocs ; ces animaux peuvent, grâce à leur puissance mâchoire, pulvériser les os les plus solides avant de les avaler, et leur attitude poltronne crée une fausse impression, étant donné leur réputation de chasseurs implacables, rusés et infatigables. Tout comme nous avions ri aux éclats en observant les phacochères ou « phacos », comme nous les appelions, de même les hyènes riaient à leur tour en nous voyant passer si près que nous aurions pu les toucher de la main. C'était bien fait pour nous...

De nombreux ouvrages ont été publiés sur le roi des animaux, dont on rencontre un nombre de spécimens dans la région de Maasaï-Mara plus grand que partout ailleurs sur la planète. Le lion est sans contredit l'animal le plus majestueux des savanes et il est impossible de se lasser en l'observant. Au cours de mes nombreux safaris, j'ai passé pas mal de temps à demeurer assis tranquillement dans une jeep ou une Land Rover, à observer le comportement des lions se trouvant à quelques mètres de distance : il n'y a pas deux bêtes pareilles. Tout autant regardés comme des animaux sauvages, les lions ont servi d'emblème à travers l'histoire. En fait, sont-ils réellement des bêtes sauvages ou des êtres surnaturels ?

Nous avons pu les observer dans toutes les situations imaginables : tandis qu'ils dormaient, qu'ils chassaient, qu'ils traquaient leur proie, qu'ils mangeaient, qu'ils faisaient leur toilette ou qu'ils rugissaient. Nous avons laissé une corde traîner derrière notre Land Rover pour que les lionceaux jouent au souque-à-la-corde avec nous. John nous a averti de ne pas jouer à ce jeu avec les félins âgés de un ou deux ans, car leur exubérance les porterait à nous tirer hors du véhicule d'un coup, et nous serions ainsi vite devenus la récompense attribuée au gagnant du tour de force.

Nous avons passé plus d'une heure à observer la parade nuptiale entre un mâle et une femelle. Celle-ci s'approchait timidement de son partenaire et elle s'enfuyait tout à coup pour rester à l'écart durant un moment. Puis elle revenait à la charge en empruntant une autre direction et elle le mordillait à la hauteur de la crinière avant de s'enfuir de nouveau. Ce scénario s'est prolongé une bonne demi-heure. Elle s'approchait du mâle, puis décampait de nouveau ; elle s'arrêtait alors, se roulait sur le dos et se tortillait comme si elle avait voulu se gratter à un endroit difficile d'accès, un geste familier pour moi, car j'avais vu notre chatte le faire souvent auparavant. Finalement, une fois qu'elle avait capté l'attention complète du mâle, le jeu de la séduction prenait fin.

Comme il est de mise dans notre famille de respecter la vie privée de nos voisins tout autant que celle des animaux, quels qu'ils soient, nous ne sommes pas restés là pour épier, bouche bée, leurs ébats. Après tout, l'accouplement d'une durée de vingt secondes allait être répété plus de deux cent fois au cours des prochaines quarante-huit heures, et nous n'avions aucun désir d'assister à un cours d'anatomie ou de sexualité animale, là, au milieu de la jungle. Lorsque j'ai emmené mes petits-enfants sur les lieux, l'année d'après, nous avons également évité la grande finale du rituel amoureux entre lions, considérant qu'il y aurait un temps et un endroit plus appropriés pour l'apprentissage de ce sujet particulier.

Une des expériences les plus mémorables que nous ayons faite fut celle de passer une heure à quelques mètres d'un couple royal de grands félins, couchés l'un à côté de l'autre dans les hautes herbes de la savane. Même au repos, la simple vue de l'énorme tête du mâle, avec sa crinière en broussaille et son port altier, de son corps si musclé et de ses puissantes mâchoires à demi ouvertes découvrant ses terribles canines déclenchait une montée d'adrénaline dans notre système nerveux. La lionne était tout aussi impressionnante. Svelte, son pelage doré et luisant, elle avait les épaules d'un haltérophile capable de lever plus de 120 kilos, et elle manifestait plus de vivacité que son partenaire. Il ne faisait aucun doute qu'elle était la plus douée pour la chasse.

Leurs yeux envoûtants avaient la couleur de l'ambre. Ils nous ont fixés un moment, puis ils ont fait complètement abstraction de nous, comme si nous n'avions pas plus de rapport dans le paysage que quelques mouches dont la présence était irritante mais absolument inoffensive. Ils n'étaient tout simplement pas intéressés ni inquiets de notre présence, ni de savoir qui nous étions. Ils régnaient en seigneurs sur ce territoire et ils le savaient bien. La respiration de la lionne a soudainement changé. La poitrine maintenant collée au sol, elle a commencé à émettre des rugissements gutturaux, comme si elle essayait de se racler la gorge. John a dit que cela marquait le début d'une «émission territoriale» périodique pour signifier aux autres lions leur présence et le fait que cet endroit particulier était un lieu leur appartenant.

Ainsi que John l'avait mentionné, le grand mâle – comme s'il avait été invité à le faire par la femelle – semblait ne pas avoir d'autre choix que de suivre. À moins d'un mètre de la fenêtre ouverte de notre véhicule, il a levé son énorme tête dans notre direction et il a émis une série de rugissements de plus en plus forts, au point où le son en faisait trembler les vitres de la Land Rover et que l'écho se faisait sans doute entendre à des kilomètres de distance. Les rugissements répétés du lion augmentaient de plus en plus en intensité. J'imaginais la présence d'un groupe de ces félins dans les estrades au milieu de partisans, durant un événement sportif quelconque, en train de s'échauffer au cours du match et criant de plus en plus fort : «USA! USA! USA!» Mais ce n'était pas là le message du lion. J'en ai tiré ma propre conclusion en écoutant ses avertissements dont le son faisait trembler le sol : «Ce territoire est le mien! Restez à l'écart ! Je suis ici! Restez à l'écart!»

Les lions sont uniques parmi les grands félins. Non seulement sont-ils les plus robustes des prédateurs de la savane, mais leur puissance se trouve décuplée par le fait qu'ils vivent en bande. Nous avons observé des bandes de différentes grosseurs, variant de sept à dix-neuf individus. Le nombre de lions dans une bande semblait être déterminé par la quantité de proies disponibles dans la région, par le type de terrain de même que par la disponibilité de l'eau. Une bande de lions comprend habituellement quatre ou cinq lionnes ayant des lionceaux d'âges différents, et deux ou trois mâles qui les accompagnent.

Je sais que vous allez croire que j'embellis ce récit pour le rendre plus palpitant, mais mes enfants en ont été les témoins : le lion mâle se tenait si près de moi, et la puissance de ses rugissements était telle que mon chapeau de safari en a été presque soufflé de ma tête. J'ai rapidement remonté la vitre jusqu'à moitié, en prétextant que c'était à cause de la poussière soulevée par la brise du matin, et que cela n'avait rien à voir avec la terreur que je ressentais à fixer la mâchoire grande ouverte d'un tyran pesant 190 kilos et d'une humeur massacrante.

Les lions forment une société matriarcale dont le groupe principal se compose de femelles apparentées qui demeurent pour la plupart dans la même bande, tout au long de leur vie. Il n'est pas inhabituel pour une lionne et ses petits de vivre à l'écart de la bande principale, mais elle sera toujours acceptée et accueillie par ses membres et elle ne s'aventurera presque jamais au-delà des limites du territoire de la bande. Ces frontières sont établies par les mâles, qui «marquent leur territoire» régulièrement en faisant des traces avec leurs griffes sur le sol ou sur l'écorce des arbres et qui aspergent ce territoire d'un mélange d'urine et de sécrétions provenant de glandes odoriférantes qui se trouvent à la base de leur queue, laissant une odeur caractéristique qui avertit les maraudeurs potentiels qu'il s'agit d'un «terrain privé» avec interdiction de passer.

Les mâles adultes de la bande sont souvent apparentés, mais, pour la plupart, ils ne le sont pas avec les femelles de la même bande. Ceci se produit parce que, à l'âge d'environ trois ans, les jeunes mâles sont écartés de la bande où ils sont nés. John nous a montré plusieurs de ces mâles nomades, en particulier un groupe de trois appelés « les mauvais garçons », que nous avons suivis à la trace et observés durant plusieurs heures.

Ils se comportaient, à nos yeux, comme de vrais collégiens en vacances. Ils cherchaient l'aventure et ne pensaient qu'à faire la fête ou des sottises, mais ils n'avaient aucune idée comment se procurer un repas facile, sans le soutien des membres de leur famille élargie. Leur comportement se résumait à une série d'essais et d'erreurs. Nous les avons observés tandis qu'ils tentaient de prendre au piège une troupe de zèbres en plein jour, échouant lamentablement, il va de soi. John a dit que leur seul espoir, jusqu'à ce qu'ils parviennent à développer davantage leurs habiletés de chasseur, était de tomber sur un gnou qui s'est brisé la patte en mettant le pied par inadvertance dans un trou de marmotte ou en heurtant un rocher dans sa course folle.

Tout comme c'est le cas pour nos « mauvais garçons », les jeunes lions errants forment ce qu'on pourrait appeler des « clubs de célibataires » qui apprennent à se débrouiller tout seuls, jusqu'à ce qu'ils acquièrent suffisamment de maturité et de confiance pour défier le mâle dominant en vue de posséder leur propre bande. Cette position élevée de « roi du clan » est assurée pour deux ou trois ans, jusqu'à ce qu'un opposant plus jeune et plus fort se présente et ravisse le titre de champion et la couronne.

La manière de chasser des lions constitue l'une des principales raisons pour lesquelles ils se tiennent en bande. Les léopards vivent en solitaire et ils utilisent la surprise et la ruse pour neutraliser leur proie. Les guépards s'appuient sur leur puissante force d'accélération pour rattraper les gazelles en fuite au milieu de la savane. Les lions, par ailleurs, bien qu'ils soient d'une étonnante agilité malgré leur large gabarit – parce qu'ils sont plus gros et plus lents –, sont des experts de l'embuscade et de la chasse en groupe, surtout lorsque plusieurs lionnes unissent leurs forces et font équipe. La chasse en groupe permet également aux lions de traquer des animaux plus gros tels que des zèbres adultes, des élans ou des énormes buffles qui se trouvent dans la région, pouvant fournir ainsi aux membres du clan une provision de viande pour plusieurs jours.

Les lions sont décrits comme étant de féroces tueurs, mais leur affection naturelle dépasse en général celle des humains. Non seulement manifestent-ils leur tendresse continuellement à leur

progéniture, mais les femelles et les mâles se saluent aussi avec
affection, ils se caressent sans cesse et se prodiguent de tendres
soins les uns les autres en se léchant mutuellement. Plus nous les
avons observés, et plus John, notre guide, nous renseignait sur
leurs habitudes et comportements, plus la peur qui avait été
alimentée jusque-là par les mythes et les films qui les présentaient
comme des bêtes féroces et terrifiantes, s'estompait.

C'est ainsi que la journée et chaque autre journée subséquente se sont déroulées sous le signe des découvertes de toutes sortes. Je suis très reconnaissant que mes gendres aient capté ces scènes avec leurs appareils. J'étais, pour ma part, tellement subjugué par le caractère féerique de tout ce que je voyais que je me sentais incapable de prendre une seule photo, et je ne l'ai d'ailleurs pas fait. J'ai observé, écouté et appris beaucoup.

Je suis demeuré tranquillement assis parmi les girafes si élégantes et pleines de mystère. Chaque fois que l'une d'elles se déplaçait, on aurait dit qu'il y avait deux animaux différents en train de courir. Si vous avez eu la chance d'assister à une cérémonie de danse du dragon chinoise, exécutée par deux individus qui se tiennent accroupis en tandem et qui ont l'air de se pavaner sur quatre pattes, tandis qu'un troisième se tient sur leur dos ou leurs épaules et dirige les mouvements circulaires de la tête du dragon, la course des girafes à travers la plaine procure la même sensation étrange.

Leur tête et leur cou semblent flotter séparément au-dessus de leur corps, tandis que leur torse, semblable à celui d'un cheval, ainsi que leurs pattes, essaient de suivre la tête en galopant à toute vitesse. Et pourtant, tous leurs gestes sont complètement coordonnés et affichent une parfaite élégance dans le processus. Même lorsqu'elles enroulaient leur longue langue préhensile autour des plus hautes branches feuillues et épineuses des acacias, surplombant la scène du haut de leurs cinq mètres, leurs grands yeux abondamment pourvus de cils sont demeurés fixés sur nous tout le temps que nous sommes restés assis près d'elles. On aurait dit un groupe huppé de princes et princesses conscients de notre présence, mais refusant de nous reconnaître le droit de prendre part à leur vie de château.

Je pourrais continuer à radoter sans fin au sujet des tas de choses à voir, à écouter et à sentir sur le territoire de Mara... Mon excursion de pêche et les énormes poissons-chats près d'une chute, avec les lions et les zèbres comme témoins, se tenant à flanc de coteaux dans le lointain ; le rhinocéros noir avançant pesamment dans la plaine ; les gazelles de Thompson gambadant et sautillant dans l'air, et établissant avec chaque bon un nouveau record olympique à la compétition de saut en hauteur ; les vautours, dont les différentes classes obéissent à un ordre hiérarchique précis dans la tâche plutôt sinistre, mais néanmoins nécessaire, de nettoyer chaque carcasse d'animal en train de pourrir ; les bousiers, blaireaux et loutres ; les variétés d'aigles et de faucons trop nombreuses pour pouvoir me rappeler du nom de chacune ; le spectacle rare d'un léopard et de sa victime déposée sur les branches tout en haut d'un arbre, à l'abri des autres prédateurs en-bas ; le cri des babouins en train de chasser ; les singes, que John appelait les «bureaucrates des branches», faisant les imbéciles dans les arbres et réalisant toutes sortes d'exploits acrobatiques ; les hippopotames en grand nombre, ces «chevaux de rivière» se prélassant dans la rivière Mara, et qui sont responsables du plus grand nombre de décès chez les humains que tout autre animal de l'Afrique de l'Est, selon ce que nous avons compris ; l'hippopotame qui est sorti des buissons en chargeant et qui a tenté de renverser notre Land Rover parce que nous nous trouvions entre lui et la rivière ; les restes d'un python qui avait avalé une antilope, mais n'avait pas réussi à la digérer à cause du volume de celle-ci.

… Un territoire tout plein d'une si grande variété d'espèces vivantes que notre propre monde civilisé à la maison, avec ses cités, ses voitures, ses autobus, ses camions, ses avions et ses trains, nous paraissait comme un plateau de tournage hollywoodien fait de béton, de verre, de plastique et de métal – un ensemble uniforme et mécanisé – peuplé d'humanoïdes qui, à l'instar des gnous, passent leur vie à faire l'aller-retour de leur lieu de travail en suivant à la lettre l'itinéraire de la journée.

Toutefois, le présent ouvrage n'a pas pour objectif de traiter de la vie sauvage ou du comportement des animaux. Ces images ne sont qu'un aperçu de ce que nous avons vu, mais elles révèlent si peu de ce que nous avons appris. Ce que nous avons réellement appris ne se trouve pas dans ce que nous avons vu, mais dans sa signification pour nous. C'est notre tour guidé à travers ce paradis sauvage qui a provoqué la transformation. Laissez-moi vous expliquer davantage la chose, car c'est précisément pour cette raison que j'ai décidé d'écrire ce livre.

Durant notre retour au campement, une heure plus tard, Ladd, mon autre gendre, a demandé à John, en chuchotant à son oreille, de bien vouloir immobiliser le véhicule si possible pour faire un bref « arrêt au puits ». Ladd a dissimulé l'urgence avec laquelle il devait répondre à l'appel de la nature en qualifiant l'arrêt d'une occasion de « marquer son territoire ». Nous avons tous rigolé lorsqu'il a supplié John d'immobiliser la Land Rover devant un fourré d'environ 200 mètres de largeur, sur notre gauche, afin qu'il puisse enfin faire sa marque en privé.

John a répondu à Ladd de patienter un peu et d'attendre un moment plus propice, mais Ladd a insisté en disant que l'endroit lui semblait parfait et que tout était une question de faire les choses au bon moment. John a souri. Il a suggéré à Ladd de demeurer assis, puis il a dirigé le véhicule vers l'« endroit idéal » que Ladd avait choisi. Là, dans le fourré, camouflés au milieu des hautes herbes de couleur ocre et des broussailles, se tenaient sept lions adultes et leurs petits, qui n'auraient été aperçus par Ladd qu'à une vingtaine de mètres seulement de l'endroit où il avait le désir de se soulager.

John a dit que les lions avaient senti notre présence depuis au moins vingt minutes et qu'ils nous avaient vu nous approcher depuis quinze minutes. Nous lui avons alors demandé ce qui serait arrivé si nous avions été dans l'une de nos balades et que nous étions tombés sur cette troupe de lions par inadvertance. Après qu'il eut trouvé un endroit sûr pour que Ladd puisse satisfaire ses besoins naturels, il a coupé le moteur et il nous a prodigué l'une des leçons les plus importantes de notre aventure.

« Vous devez comprendre l'instinct et le comportement des animaux pour pouvoir coexister avec eux. Vous devez connaître l'environnement dans lequel vous vous déplacez, ce à quoi vous avez affaire, ce qu'il vous faut prévoir et votre façon de réagir s'il

*se présente une situation inattendue ou un défi quelconque», a
dit John, en guise d'introduction.*

«Les humains ne constituent pas une proie habituelle pour les lions, a-t-il
ajouté, et ces lions ne sont pas du tout intéressés par la chasse en ce moment. Ils se
reposent sous les chauds rayons du soleil de l'après-midi. Ils se demandent quelles
sont nos intentions, mais ils ne sont ni inquiets ni contrariés par notre présence.
Bien qu'il soit vrai qu'il y ait eu des cas isolés où des lions se sont attaqués à des
hommes dans le passé, ces incidents sont des exceptions et non la règle.»

Ses paroles de réconfort n'ont pas réellement réussi à apaiser nos appréhensions grandissantes quant à la balade à pied prévue pour le lendemain matin,
et nous avons interrogé davantage notre guide pour découvrir quelle était la
meilleure chose à faire lorsque confrontés à une situation semblable à celle à
laquelle Ladd avait failli être exposé.

John a répondu qu'il nous fallait nous arrêter, nous tourner lentement et nous
éloigner en marchant à angle droit des lions. Il ne fallait ni continuer vers eux, ni
battre en retraite. Lorsque Ladd lui a demandé pourquoi il ne fallait pas s'enfuir
en courant, John a souri et lui a dit: «Allez-y, mettez-vous à courir. Mais si vous
le faites, nous tous nous serons en sécurité tandis qu'ils s'occuperont de vous.»

La leçon évidente de ce safari devenait claire pour nous. Il est vrai le
cliché si souvent entendu depuis ma jeunesse: «C'est la loi de la jungle...» Et
les grands titres des journaux télévisés ou imprimés ne cessent de souligner
avec force le fait que l'existence humaine est menacée de toutes parts.

Les mauvaises nouvelles constituent toujours le plat de choix au menu
du jour. Est-ce parce que nous sommes soulagés de constater que cela arrive
à quelqu'un d'autre et non pas à nous? Que nous sommes contents de ne pas
avoir été la victime d'hier ou celle d'aujourd'hui? Est-ce parce que nous vivons
notre désespoir en silence, nous attendant à ce que le ciel nous tombe sur la
tête ou qu'une catastrophe ne se produise dans notre vie? Est-ce parce que
nous sommes attirés par les accidents horribles et autres événements similaires qui arrivent à cause d'une sorte de curiosité morbide qui nous pousse à
nous intéresser au mauvais sort des autres humains?

Chaque génération croit qu'elle vit à l'époque la plus difficile de l'histoire
– sinon la pire –, sans doute pour justifier sa peur de prendre des risques, ou sa

tendance à remettre à plus tard des décisions difficiles qui pourraient en effet résoudre certains problèmes globaux parmi les plus pressants. Comment faire face correctement aux sentiments grandissants d'appréhension et de peur devant la montée actuelle du terrorisme dans le monde, au malaise et à l'insécurité qui assaillent notre propre pays ? Comment réussir à survivre, à atteindre la réussite et à goûter la sérénité dans ce paradis sauvage appelé la vie ?

Ce sont là des questions importantes auxquelles il n'existe pas de réponse simple, universelle. La raison pour laquelle nous devrions nous tenir informés de ce qui se passe à tous les niveaux, mondial, national, régional et local, est pour que nous puissions répondre et agir en conséquence en tant qu'individus, familles et organisations. Notre besoin de savoir devrait nous inciter à nous préparer et à agir plutôt qu'à nous sentir consternés, dépassés et impuissants.

Le territoire de Maasaï-Mara est un paradis sauvage. Il apparaît sauvage au novice : c'est un paradis pour le voyageur expérimenté et celui qui y habite. Il en va de même pour les États-Unis et, bien sûr, pour notre vie en général. L'existence est un paradis sauvage. Sauvage pour l'ignorant, la personne sans instruction, celle qui est inexpérimentée, biaisée dans ses préjugés ou tout simplement mal informée. Un paradis pour ceux qui ont appris à gérer le changement, à transformer les pierres d'achoppement en tremplins, à se libérer de préjugés, à demeurer des apprentis leur vie durant et à rester flexibles.

John, notre guide, se sent à l'aise et à sa place dans le dangereux écosystème de l'Afrique de l'Est. Nous, en revanche, nous nous y sentons vulnérables, anxieux et remplis d'appréhensions. Dans un tel contexte, nous sommes des naïfs, alors qu'il fait preuve de sagesse, puisant dans le bagage de ses connaissances et de son expérience. Nous sommes des touristes. Il est notre guide d'excursion, notre mentor et notre entraîneur.

L'analogie entre Maasaï-Mara et un paradis sauvage, de même que l'image de la vie comme étant un milieu où règne la loi de la jungle, m'ont fait penser à une autobiographie que j'avais lue, des années auparavant, et qui présentait les choses de la même manière. J'ai passé la dernière heure de notre voyage de retour au campement des Cottar à discuter de cette question avec John et avec les membres de ma famille.

L'ouvrage s'intitule *The Jungle is Neutral (La jungle est neutre)* et son auteur est le colonel F. Spencer Chapman, un officier de l'armée britannique qui a survécu durant quatre années dans la jungle comme soldat de guérilla, après la chute de la Malaisie devant les Japonais, au cours de la Seconde Guerre mondiale. Coupé du monde extérieur qui l'avait déclaré comme «manquant à l'appel, et probablement mort», il a vécu au fond de la jungle, derrière les lignes ennemies japonaises et a traversé des épreuves telles que peu d'hommes ont été en mesure de surmonter pour ensuite en rendre témoignage[3]. Ce récit purement authentique est comparable à l'histoire fantastique de Lawrence d'Arabie, *Les sept piliers de la sagesse.*

Si le colonel Chapman était vivant aujourd'hui, je parie qu'il répondrait dans son style imperturbable et pourtant direct, aux questions de la presse lui demandant comment il a persévéré au cours d'une mission aussi pénible et presque impossible. Ce ne sont pas vraiment ses mots mais les miens, tandis que je tente de communiquer mes impressions au sujet d'un des individus les plus courageux qu'il m'ait été donné de découvrir.

La presse : « Monsieur, n'est-il pas vrai que vous avez été capturé à deux reprises par les Japonais et que vous avez réussi chaque fois à vous soustraire à leurs griffes ? »

Le colonel Chapman : « C'est exact. Ils étaient nos ennemis, et je n'avais d'autre choix que de m'échapper afin de poursuivre ma mission. »

La presse : « Mais monsieur, comment avez-vous composé avec le fait qu'ils étaient des spécialistes de la guérilla dans la jungle, et qu'il y avait aussi des scorpions, la fièvre jaune, la malaria, des mambas noires, des pluies incessantes, des tigres sauvages, des sangsues et une végétation si dense qu'il faut parfois près de quatre heures pour parcourir un seul kilomètre ? »

Le colonel Chapman : « J'ai dû lutter avec à peu près tout ce que vous mentionnez là. Pour certaines de ces choses, j'étais bien préparé. Pour d'autres, j'ai dû apprendre sur le tas. Pour me rendre là où je devais aller, j'ai dû utiliser la bicyclette, la moto, la pirogue ; j'ai dû marcher la plupart du temps et parfois même ramper à travers le fumier dans les endroits les plus sauvages. Dans la jungle, on trouve de l'eau potable, des fruits et de la nourriture, un abri et beaucoup d'endroits où se cacher même lorsque les soldats ennemis se trouvent à quelques mètres de vous. J'ai également noué des liens d'amitié avec les habitants de l'endroit qui y avaient vécu leur vie entière et ils m'ont appris à parfaire mes connaissances et mes habiletés de manière à pouvoir composer avec chacune de ces situations. »

La presse : « D'autres soldats qui se trouvaient à Singapour ou en Malaisie à la même époque affirment que la jungle n'offre rien d'invitant : c'est un lieu hostile, cruel et vengeur. »

Le colonel Chapman : « À mes yeux, la jungle est un terrain neutre. C'est votre savoir, votre attitude, vos habiletés et vos habitudes qui vous permettent un jour ou l'autre de vous en sortir. La jungle est ce qu'elle est. Elle ne réfléchit pas. Elle constitue le contexte de votre parcours de vie. Ce qui compte vraiment, c'est votre préparation, votre entraînement, votre débrouillardise et votre dévouement. »

Tandis que nous roulions vers l'entrée du campement, j'ai terminé mon histoire en rappelant que le colonel Chapman s'était distingué, avant ses exploits en Malaisie, comme alpiniste dans les montagnes de l'Himalaya et explorateur au Groenland et en Laponie, et qu'il avait suivi un entraînement extrêmement exigeant comprenant des tactiques de survie en milieux très hostiles, mais que tout cela n'était rien, selon ses dires, comparé à ses quatre années passées dans la jungle. Le genre de détermination, d'instinct et d'ingéniosité dont a fait preuve le colonel Chapman me faisait beaucoup penser au clan des Cottar. Il n'arrive pas souvent que l'on rencontre de telles personnes à notre époque, dans notre culture occidentale.

Lorsque les autres invités nous ont demandé comment s'était déroulée notre journée, mes filles ont répondu à l'unisson : « C'est un paradis sauvage fabuleux, tout ça, et ça nous semble davantage un paradis de jour en jour. »

CHAPITRE NEUF

La survie des plus futés

S i la vie est une jungle où prolifèrent la violence, l'agitation, les dangers dissimulés çà et là, l'insécurité et les prédateurs, comment faire alors pour y survivre et y prospérer ? Devrions-nous mettre des barreaux à nos fenêtres, porter une armure et fermer notre porte à double tour avant d'aller dormir le soir ? Devrions-nous porter une arme, devenir des maîtres en arts martiaux, faire davantage de pompes et embaucher des gardes du corps pour nous accompagner dans nos moindres déplacements ?

Ou chacun de nous n'est-il pas appelé plutôt à devenir guide de safari ?

Je crois que la meilleure manière de nous préparer devant l'incertitude inhérente à la vie de safari est d'avoir dans notre sac de voyage un ensemble de dispositions intérieures résumées par l'acronyme CASH – connaissance, attitude, savoir-faire et habitudes de vie – dispositions qui nous permettront de surmonter la peur de l'inconnu en étant capables de prévoir, de nous montrer proactifs et de répondre efficacement à ce qui se présente.

Bien qu'il soit vrai que les lions sont des prédateurs et les gnous des proies, parce que les lions sont plus forts et mieux équipés, ils assurent leur hégémonie grâce à leur travail d'équipe, leur ruse et leur capacité d'adaptation plus que par leur force brutale. Dans la vie au milieu de la jungle humaine, la synergie et la capacité d'adaptation au changement sont des attitudes fondamentales en vue d'atteindre la réussite. Dans les siècles passés, le leadership était centré davantage sur le pouvoir, sur la puissance militaire et économique et sur le besoin d'être le premier. Cela voulait souvent dire se tenir debout en vainqueur, dominant un adversaire ou un compétiteur terrassé. Tandis que nous avançons dans les premières décennies du siècle actuel, où l'accès à l'information est immédiat et souvent très étoffé, et où de petits groupes de terroristes causent des ravages qui font des centaines, voire des milliers de victimes innocentes parmi les spectateurs, il est clair qu'une telle attitude doit changer.

Dorénavant, les leaders devraient se faire les champions de la coopération au lieu de la compétition. Tandis que la nécessité de garantir l'accès aux ressources et de contrer l'agression demeure vitale, la mentalité qui vise la «survie des plus doués» devrait céder la place à celle de la «survie des plus futés», une philosophie fondée sur la compréhension mutuelle, la coopération, le savoir et la raison. Les véritables leaders sont ceux qui atteignent leurs objectifs en aidant les autres à en faire autant.

L'interdépendance a dorénavant préséance sur l'indépendance de chacun. L'accroissement de la population mondiale est trop important et les ressources trop faibles, l'équilibre entre la nature et la technologie est trop fragile pour que les leaders continuent à agir de manière isolée. Nous ne jouirons d'aucune paix durable tant qu'il n'y aura pas pour chacun la chance d'avoir une «part équitable du gâteau». L'espérance d'un gâteau bien meilleur et plus gros demain, duquel chacun peut s'attendre à recevoir une meilleure part, est ce qui empêche les gens de se quereller sans fin au sujet du partage du gâteau sur la table aujourd'hui. En tant qu'apprentis dans l'art du leadership individuel, au cours du safari appelé la vie, nous devons reconnaître que, nous qui faisons partie du monde industrialisé, ne représentons qu'une partie – vitale mais incomplète – de la population mondiale. Un seul segment de l'humanité ne peut désormais réussir – voire même survivre à long terme – sans l'apport des autres, incluant également celui des différents écosystèmes naturels qui soutiennent la vie ici sur terre. Nous ne pouvons nous permettre de continuer à répéter les erreurs qui entraînent la disparition de sociétés et d'espèces animales, et espérer nous en sortir en tirant le bon billet de loterie ou en nous isolant des autres de manière égoïste. Ou bien il nous faut diriger de manière convenable, ou bien laisser la place à d'autres. Le fait de nous tordre les mains en signe de désespoir et de demeurer passifs aura pour résultat inévitable des conséquences funestes par rapport aux nations, aux sociétés et aux individus émergents –, ce qui nous placera dans la position précaire de nous voir plus tard dépassés ou piétinés par eux.

Il y a deux concepts clés tirés des chapitres précédents qui m'ont motivé à écrire le présent ouvrage :

D'abord, comme je l'ai mentionné précédemment, mon but n'était pas d'en faire une saga sur la vie sauvage et les palpitantes aventures qu'on y vit. Les commentaires sur tous les animaux et nos interactions avec eux ont pour but de maintenir l'intérêt du lecteur. Ce n'était pas vraiment le fait de «voir» le paysage de Maasaï-Mara – comme dans un album photo illustrant des vacances mémorables – qui a été significatif pour nous. C'était plutôt l'«apprentissage» qui a résulté de ce dont nous y avons été témoins et de ce que nous y avons vécu, qui était important. C'était comme une sorte d'atelier «en pleine nature» durant lequel chaque événement avait une signification concrète exigeant certains changements dans notre vie pour la rendre plus authentique, une fois de retour à la maison.

Le deuxième concept qui a inspiré le présent ouvrage est la mise en pratique du principe que le colonel Chapman a mis en relief dans le titre de son livre, La jungle est un terrain neutre. Je voulais montrer l'importance de cette vérité dans la perspective plus large des défis liés au changement et à l'adversité, dans le cadre de notre vie au quotidien. En fin de compte, c'est la connaissance, les attitudes, le savoir-faire et les habitudes de vie d'une personne qui lui permettront de passer au travers, en tirant son épingle du jeu. La jungle est ce qu'elle est. Elle ne réfléchit pas. Elle constitue le contexte de notre parcours de vie. Ce qui compte vraiment, c'est notre préparation, notre entraînement, notre débrouillardise et notre dévouement.

Alors que mes filles et mes gendres étaient partis en excursion durant la journée du lendemain, je suis demeuré sur la véranda à l'extérieur de ma tente et j'ai commencé à écrire le présent ouvrage à la main. J'avais pondu le court passage en prose du prologue, le premier soir de notre safari et je trimbalais un petit cahier avec moi, qui était parfait pour y noter des choses en passant et même pour écrire un livre comme celui-ci. Je dois avouer qu'il me semblait plus exigeant de rédiger un livre non romanesque qui ne soit inspiré que d'expériences et de souvenirs personnels sans l'aide de données de recherche et sans l'accès à une bibliothèque.

Le savoir assure le pouvoir

Si nous voulons passer d'une société de victimes du changement à celle de vainqueurs devant le changement, il nous faudra modifier les convictions personnelles et le comportement qui nous caractérisent. La nouvelle puissance viendra de notre capacité à nous adapter, à assumer nos responsabilités, à partager une vision commune, à équiper autrui, à dialoguer en vue d'atteindre des résultats qui assurent la réussite de chacun, et à apprendre à mieux gérer certaines conséquences dans notre vie. L'affirmation selon laquelle «le savoir assure le pouvoir» devrait servir de slogan motivant dans chaque bureau, chaque usine, chaque centre de services et chaque école.

Dans un contexte où la productivité dépend de plus en plus de l'accès sans fil au réseau mondial d'Internet, et à celui de réseaux d'ordinateurs et de télécommunications, les gens qui savent comment utiliser ces technologies à leur profit vont acquérir le pouvoir tandis que ceux qui continuent à croire que leur éducation s'est terminée avec leur diplôme sont voués à vivoter dans des emplois sous-payés et peu valorisants. En un clin d'œil, ou presque, notre société est passée de l'âge industriel à celui du savoir, dans lequel l'apprentissage et l'innovation – qui sont des habiletés humaines fondamentales – constituent les portes d'accès à la réussite et à l'avancement personnels.

Le parcours de vie des nouveaux immigrants en Amérique semble confirmer le fait que lorsqu'une personne est motivée par la faim dans son ventre et la soif de savoir, elle fournit davantage d'efforts et se montre plus encline à servir son prochain que celle qui ne fait ces choses que pour recevoir un salaire. Pour dire la chose autrement, si nous voulons nous faire une place dans le village global aujourd'hui, où la partie ne se joue pas toujours selon les règles, nous aurons tous besoin de mettre moins d'accent sur nos attentes individuelles et davantage sur ce que nous pouvons offrir à autrui afin de demeurer compétitifs et que nos services continuent d'être sollicités.

J'ai demandé à mon ami et guide maasaï, John Sampeke, quelle était l'expression correspondante en maasaï pour le mot «motivation». Sans hésiter une seule seconde, il a cité ce proverbe qui lui avait été transmis par les aînés de son clan: «Lorsque le ventre est vide, on se met à réfléchir». Il faut du savoir-faire pour trouver de la nourriture. Pour obtenir un certain savoir, il faut être motivé à apprendre. C'est aussi simple que cela. Lorsque le ventre est plein, cela porte chacun à l'oisiveté. C'est la faim intérieure qui pousse toute personne à se mettre au travail, à se mettre en route.

Bien des gens, toutefois, aiment mieux en faire juste assez pour se tirer d'affaire. Ils consacrent leur temps et leur énergie à des loisirs qui soulagent leur tension intérieure – jeux télévisés, télé-réalité, comédies de situation – plutôt que de les investir dans des activités qui pourraient leur permettre d'atteindre les objectifs qu'ils se sont fixés. Des activités comme la lecture et l'apprentissage leur semblent trop comme devoir retourner sur les bancs d'école. Ils préfèrent rentrer à la maison au plus vite au lieu d'améliorer leur situation dans la vie. En réalité, les gens enrichiraient énormément leurs connaissances, de même que leur compte en banque s'ils consacraient à la lecture la moitié du temps perdu devant la télé.

La majorité de nos peurs les plus grandes sont causées par l'ignorance, les préjugés et le manque de connaissance. La peur que j'ai ressenti durant ma première nuit était inspirée par le fait que je me trouvais dans la pénombre d'une tente, dans un environnement tout à fait inconnu pour moi, et soumis à un concert de sons cacophoniques qui stimulaient mon imagination. Une telle peur de l'inconnu a le potentiel de se transformer rapidement en peur d'un désastre aux proportions catastrophiques, en peur du changement et en peur du risque.

D'après mon expérience personnelle, il existe trois types majeurs de peurs, à l'exception de celle qui concerne notre sécurité individuelle.

• *La peur d'être rejeté, qui équivaut à être perçu comme un idiot ou un échec ambulant par ses pairs, ou en présence d'autrui.*

- *La peur du changement, qui correspond à naviguer dans des eaux inconnues, à faire œuvre de pionnier, à rompre avec les traditions et à devoir sacrifier certaines sources extérieures de sécurité.*
- *La peur de réussir, qui est l'expression d'un sentiment d'incompétence, engendré par la conviction intérieure que nous ne méritons pas d'atteindre la réussite, jointe à des sentiments de culpabilité lorsque notre performance est supérieure à ce qui était attendu de nous.*

La *peur d'être rejeté* et la *peur du changement* sont des facteurs prédominants dans la tendance à beaucoup se retenir chez de nombreuses personnes dans la société actuelle, principalement à cause de l'effet pervers des «mauvaises nouvelles» et des différentes formes de dénigrement; de telles attitudes découragent la pensée créative et poussent les individus à rechercher la sécurité et des positions sociales où ils s'alignent sur la loi du système et évitent de faire des «vagues»; l'autre raison est que nous n'aimons pas nous retrouver en dehors de notre zone de confort à moins d'y être forcés par les circonstances extérieures.

Le syndrome de la *peur de réussir* est fréquent de nos jours parce que nous mesurons notre valeur en fonction de critères d'excellence associés aux célébrités et aux super-vedettes, qui semblent posséder des talents et une existence de rêve que nous ne réussirons jamais à atteindre. Nous n'aimons pas non plus l'idée d'avoir à abandonner le statu quo ou de nous distinguer de notre groupe de pairs, par crainte qu'ils ne nous rejettent parce que nous nous percevons comme quelqu'un de spécial ou que nous voulons avancer dans la vie et améliorer notre situation.

Dans mon premier ouvrage, *La psychologie d'un gagnant*, que j'ai publié, il y a plus de vingt-cinq ans, j'ai parlé d'une tribu d'autochtones dans la jungle, dont les membres mouraient prématurément d'une étrange maladie depuis des générations. Il fut découvert finalement que la maladie était un type d'encéphalite, causée par la morsure de mouches tsé-tsé vivant dans les murs de leurs maisons en terre battue.

Plusieurs solutions ont été proposées aux membres de cette tribu. Ils pouvaient éliminer les insectes à l'aide d'un insecticide; ils pouvaient démolir leurs maisons et en reconstruire de nouvelles avec un autre matériau ; ou ils pouvaient se relocaliser à un endroit où les insectes ne posaient pas de problème. Ils ont choisi de demeurer sur place et de ne pas changer la manière dont ils avaient vécu depuis des générations, et de continuer à risquer de mourir prématurément, ce qui représentait le chemin le plus facile et n'exigeait aucun changement.

La plupart des individus comprennent que des gens ordinaires ont atteint une réussite hors du commun en faisant appel à leur imagination créatrice et en usant de persévérance. Ils connaissent bien les biographies de ceux qui ont surmonté des handicaps considérables et des obstacles majeurs pour devenir des géants. Mais ils sont incapables de s'imaginer que la chose pourrait leur arriver à eux aussi.

Ils se résignent à une certaine médiocrité et même à échouer, en enviant autrui et en s'évadant dans le rêve pour ce qui concerne les enjeux de leur propre vie. Ils développent le réflexe de se remémorer les difficultés rencontrées dans le passé (renforcement de l'échec) et ils imaginent qu'ils ne pourront faire mieux dans l'avenir (probabilité d'échec). Comme ils sont neutralisés par la peur du rejet et par les critères d'acceptation imposés par d'autres, ils ont tendance à fixer le regard un peu trop haut, de manière irréaliste. Comme ils ne croient pas vraiment à la validité de leurs rêves et qu'ils sont mal préparés pour les réaliser, ils échouent fois après fois. J'appelle ce processus la «malédiction du potentiel permanent».

L'échec finit par faire partie de leur mode de fonctionnement et de leur image personnelle. Au moment même où il semble qu'ils vont passer au travers, atteindre un certain sommet, ou faire de réels progrès – ils sabotent tout. En vérité, la *crainte de réussir* les a poussés à bâcler les étapes de préparation et d'imagination créatrice nécessaires à l'atteinte de la réussite. Puis, le processus de rationalisation se met en branle pour satisfaire le sentiment inconscient de «ne pas avoir ce qu'il faut pour tirer son épingle du jeu avec un tel passé ou héritage personnel».

Les meilleurs antidotes à la peur sont la connaissance et l'action.
La connaissance résulte de la décision de garder l'esprit ouvert
et de relever le défi ardu de constamment nous améliorer. Tout
ce que nous apprenons nous enseigne à penser différemment.

> *Quelques-unes des innovations extraordinaires et des inventions d'envergure ont été enfantées par des individus qui travaillaient sur un projet quelconque lorsque – dans un éclair de génie – ils ont trouvé la clé de leur chef-d'œuvre.*

Le cornet de crème glacée a été créé par un marchand de gaufres de St. Louis, durant les Jeux olympiques de 1904. Alors que la foule s'entassait autour de son stand, un jour très chaud de l'été, il s'est retrouvé bientôt à court d'assiettes de carton pour ses gaufres servies avec un choix de trois garnitures. Comme il ne trouvait pas d'assiettes disponibles nulle part, il a pensé offrir de la crème glacée pour éponger ses pertes, mais il n'y avait plus de bols de carton disponibles non plus dans toute la ville de St. Louis. De retour à la maison, assisté de sa femme, il a préparé un lot de mille gaufres qu'il a aplaties à l'aide d'un fer à repasser et qu'il a enroulées ensuite en forme de cône avec un point à la base. Ses cornets gaufrés de crème glacée ont remporté la palme aux Jeux olympiques !

Au cours des années 1930, un immigrant allemand de Philadelphie essayait de gagner sa vie en vendant des saucisses Knockwurst et de la choucroute dans son petit restaurant. Parce qu'il n'avait pas les moyens de se procurer ni vaisselle ni couverts, il servait la chose à ses clients en leur prêtant des gants bon marché. Comme la plupart de ses gants disparaissaient et étaient rapportés à la maison pour divers travaux, il a cherché une autre solution : il a alors coupé un petit pain en deux et a mis une saucisse et des condiments à l'intérieur. Ses clients ont éclaté de rire en disant que la chose leur faisait penser au teckel en train de ronfler sur le plancher, dans un coin de la pièce. C'est ainsi que le « hot-dog » a vu le jour ! Et durant des années, j'ai cru que la chose avait été inventée par le propriétaire d'un stade de base-ball pour agrémenter l'un des passe-temps favoris des Américains !

Au milieu de ma tente, j'ai noté dans mon journal la liste de quelques idées innovatrices qui avaient été le résultat, selon ce que je croyais, de situations d'urgent besoin :

• Le lave-vaisselle a été inventé par une femme qui en avait assez de voir sa vaisselle de porcelaine se briser entre les mains d'une domestique maladroite, qui lavait celle-ci à la main.

- Le travail de recherche initial effectué par Alexander Graham Bell en vue de mettre au point le téléphone a été motivé par son désir de trouver une solution aux problèmes auditifs de sa sœur.

- Julio Iglesias a perfectionné son jeu à la guitare et ses dons de chanteur alors qu'il avait la jambe immobilisée, au cours d'un long séjour à l'hôpital après une très mauvaise fracture.

- Jacques Cousteau ne pouvait plus devenir astronaute à cause d'un accident d'auto qui lui a cassé les deux bras ; il a élaboré les plans de son *aqualung* en nageant durant son programme de réadaptation, et il est ainsi devenu un « aquanaute » légendaire.

- Dan Gerber a conçu la nourriture en purée pour nourrisson pour se faciliter la tâche en tant que parent avec une jeune famille à nourrir.

- Ole Evinrude a inventé le moteur hors-bord parce qu'il n'arrivait pas à ramer suffisamment vite pour empêcher la crème glacée qu'il avait achetée à sa petite amie de l'autre côté du lac de fondre.

- Tom Monaghan, le fondateur de Domino's Pizza, a fabriqué une boîte cartonnée permettant à sa pizza de conserver sa chaleur pour qu'il puisse la servir aux étudiants affamés de l'Université d'Ypsilanti, dans le Michigan, alors qu'ils devaient passer des nuits blanches à préparer leurs examens et qu'ils avaient besoin d'avaler quelque chose en vitesse.

- Lorsque mon ami et voisin, Ray Kroc, a mis sur pied la chaîne de restaurants de repas-minute McDonald, son intention première était de pouvoir assurer la vente de sa gamme d'appareils sophistiqués de préparation de lait malté.

- L'idée de Fred Smith, quant à son service de livraison de colis au centre-ville de Memphis – lequel est devenu plus tard la société très prospère Federal Express – lui est venue dans le contexte d'un travail de fin de session dans un cours à l'université. Et il ne s'est même pas mérité une note élevée avec son projet !

Je me suis souvent demandé pourquoi certaines de ces inno-vations incroyables dans le domaine des produits et services ont été conçues à l'extérieur de l'industrie en question. Je crois que la réponse a quelque chose à voir avec la « pensée de clan » et se trouve en partie dans la notion que les experts dans cette industrie ou cette société auraient déjà inventé la chose s'ils avaient trouvé que c'était une bonne idée. Lorsque vous négligez de questionner la validité de vos propres hypothèses par le biais de nouvelles con-naissances en gardant l'esprit ouvert et une attitude positive, vous vous exposez alors à voir la compétition vous supplanter. J'ai eu le privilège de côtoyer des entrepreneurs de la trempe de Michael Dell, et je suis émerveillé par le caractère brillant, la vitalité, le goût du risque, l'enthousiasme et la passion dont lui et d'autres tels que les fondateurs de Microsoft, Yahoo et Google font preuve au quoti-dien. Ils ont en effet le don de voir des occasions extraordinaires derrière ce qui nous semble n'être que des difficultés.

Juste au moment où je m'apprêtais à ajouter trente ou quarante innovations ayant vu le jour en tant que solutions recherchées à des problèmes, trouvées par inadvertance, ou accidentellement, j'ai aperçu John Sampeke qui remontait le sentier pour me saluer. J'ai parlé avec lui de quelques trouvailles qui me sem-blaient avoir été faites dans des situations impossibles et qui étaient devenues le point de départ de réalisations exceptionnelles. Comme la journée était fraîche, il a suggéré que je me joigne à lui et à ma famille, pour une balade à travers la Mara afin de constater ce qu'il y avait à voir et faire un peu de remue-méninges en nous promenant.

Je lui ai confié que j'étais préoccupé par le défi d'écrire sur le thème de la connaissance, des attitudes, du savoir-faire et des habitudes de vie d'une manière qui reflète l'environnement dans lequel je me trouvais, au campement de safari des Cottar de style 1920. Il a souri et il a répondu : « Sautez dans vos bottes et je vous montrerai. » C'est ainsi que nous sommes partis pour une promenade du côté de la vie sauvage. Je suis toujours un peu nerveux durant ces balades à pied à travers les buissons d'Afrique. Bien que John Sampeke ou Calvin Cottar nous ouvrent le chemin armés d'une carabine et qu'il y ait un guerrier maasaï nous suivant derrière armé d'une lance, ne risquons-nous pas de tomber sur une bande d'une quinzaine de lions ou sur quelques buffles qui se sont levés de mauvais poil ce jour-là, ou pire encore, sur un rhinocéros qui nous cherche querelle? Je n'ai rien laissé paraître de mes inquiétudes parce que je tenais à ce que John, Calvin et mes enfants continuent de croire que j'avais le courage d'un Mel Gibson dans son film *Coeur vaillant*.

Si jamais vous venez au Kenya, vous devez faire une balade-safari à pied en compagnie de Calvin Cottar ou John Sampeke. Il ne fait aucun doute qu'ils sont tous deux les meilleurs dans leur spécialité. Le jour où nous avons accompagné Calvin, nous avons été fortement impressionnés par sa grande sensibilité à ce qui l'entoure dans tous les domaines et par sa compréhension exhaustive du milieu dans lequel il se trouve, de même que de tous les aspects du comportement animal.

Il savait à quel moment les guépards s'apprêtaient à chasser. Il pouvait deviner quel animal était venu boire à la rivière ou la traverser, et depuis combien de temps, simplement en examinant la profondeur des empreintes de pattes ou de sabots. Il pouvait facilement distinguer les marques de visite et de territoire propres aux élans, aux zèbres, aux gnous, aux lions, aux léopards, aux hyènes, aux buffles, aux rhinocéros, aux phacochères, aux gazelles de Thompson, aux girafes, aux éléphants et aux babouins. Il pouvait repérer à l'œil nu ce que nous pouvions à peine distinguer à l'aide de nos jumelles. Calvin savait où nous devions et ne devions pas marcher; il savait quelles plantes étaient comestibles ou cultivables et celles qui ne l'étaient pas. Sa connaissance de la région de Maasaï-Mara, où plusieurs générations de sa famille avaient vécu et travaillé depuis plus de quatre-vingts ans, était d'une telle étendue, que vous vous sentiez complètement à l'aise et en totale confiance avec l'expert à vos côtés. Pour lui, le territoire maasaï est plus un paradis qu'une région sauvage, comme elle apparaît d'abord au touriste fraîchement débarqué. En compagnie de Calvin, vous vous sentez bien, vous vous animez, vous vous savez en parfaite sécurité. N'est-ce pas ainsi qu'une expérience de safari devrait être vécue?

Avec John Sampeke à nos côtés, cet après-midi-là, nous avions les mêmes sentiments, à l'exception du fait que John aime bien poser des colles à ses clients, comme le font les animateurs d'émissions telles que *Jeopardy*. Au cours de mon voyage de l'année suivante en compagnie de mes petits-enfants Alex et Alissa, il a transformé chacune de nos balades à pied ou en voiture en sortie éducative de camp d'été pour jeunes. Il leur répétait qu'ils devaient obtenir un résultat parfait à l'épreuve de la journée sur la vie sauvage, sinon ils seraient privés de dessert au dîner.

Ensuite il les interrogeait : « D'accord, alors nous avons aperçu les cinq grands aujourd'hui, qui sont...? » Et les enfants de répondre à l'unisson : « Lion, éléphant, rhinocéros, léopard et buffle ! » « Excellent, s'exclamait-il alors. Maintenant, quels sont les *cinq petits* que nous avons aperçus aujourd'hui ? » Ces derniers n'étaient pas aussi faciles à trouver pour Alex et Alissa, qui ont hésité un moment : « Euh... Il y a la fourmi-lion, la musaraigne-éléphant, la coccinelle-rhino, la tortue-léopard et le... buffle, euh... une espèce de petit oiseau. » « C'est très bien, les enfants, soulignait John. Vous avez trouvé quatre réponses sur cinq, ce qui est assez bien pour aujourd'hui, mais vous jetterez un coup d'œil dans le livre sur la nature sauvage que je vous ai montré, avec tous les oiseaux, les insectes et les animaux à l'intérieur, pour voir si vous pouvez trouver le nom de l'oiseau-buffle. »

Les connaissances que nous avons acquises au cours de nos randonnées en compagnie de notre guide, John, avaient l'aspect d'un entraînement de survie pour la vie elle-même. Il nous a montré une espèce particulière de buisson dont les fruits étaient des cosses vertes. Lorsque John a ouvert quelques-unes de ces cosses, il nous a fait découvrir une colonie entière de fourmis. Chaque cosse du buisson avait une fonction particulière : il y a avait une pouponnière pour les bébés, où se trouvaient des infirmières ; il y avait un coin salle à manger, un coin pour dormir, un autre pour travailler et même un autre endroit leur servant de cimetière. John à ajouté que nous passons souvent devant de petits miracles de la vie qui restent secrets parce que nous sommes pressés et ne prenons pas le temps de les observer.

J'avais un peu de difficulté avec mes lentilles cornéennes à cause de la poussière soulevée par le vent à mesure que nous marchions. John a repéré un autre buisson contenant des baies de couleur orange pâle. Il en a cueilli deux et m'a dit d'en presser le contenu dans chacun de mes yeux, puisque j'avais oublié de prendre les gouttes hydratantes avec moi. Le liquide émanant des baies a soulagé l'irritation et a rendu mes lentilles parfaitement humides à nouveau. Il a souri en disant : « Très semblable à ce que vous appelez Visine, n'est-il pas vrai ? »

John a cueilli des feuilles qui picotaient la peau lorsque vous les frottiez doucement contre votre visage. Elles étaient utilisées comme exfoliant et pour nettoyer les pores. Il a aussi cueilli des feuilles de *leleshwa*, dont l'arôme était suave, sur un autre arbre ayant la forme d'un arbuste et nous a suggéré d'en mettre une sous chacune de nos aisselles comme déodorant naturel, si nous en sentions le besoin.

Une des leçons les plus extraordinaires que nous ayons apprises fut lorsque ma fille Debi s'est blessée sérieusement en s'écorchant le bras sur une épine d'acacia, dans un bosquet plutôt dense que nous étions en train de traverser. Comme nous n'avions pas de trousse de premiers soins avec nous, John a appliqué sur la plaie de la sève antiseptique prise d'un arbre et nous a ensuite montré ce qu'il aurait fait si celle-ci avait exigé des points de suture. Tout près, il y avait un bataillon de fourmis avançant en colonne et John s'est penché pour attraper quelques-unes des fourmis « sentinelles » qui se tenaient sur les flancs de l'armée de fantassins en marche. Elles étaient munies de grosses pinces que John a appliqué le long du bras de Debi avec la précision d'un chirurgien qui suture une plaie. Il a dit qu'en plaçant ainsi les pinces des fourmis sentinelles tout le long de l'éraflure, la plaie serait suffisamment refermée jusqu'à ce que nous revenions au campement pour intervenir au besoin si la blessure avait été plus sérieuse.

La balade dans son ensemble était une expérience de découvertes continuelles pour nous rendre sensibles à l'environnement et aux ressources disponibles dans le milieu. Aussi pour nous apprendre à composer avec les défis insoupçonnés et les surprises en faisant preuve de créativité. Il s'agissait de développer notre capacité à régler des problèmes en apprenant à les percevoir comme des occasions de croissance et d'apprentissage.

J'aurais suffisamment de matière pour écrire un autre livre en racontant la première visite de John Sampeke en Amérique. Après mon premier safari au Kenya, je l'avais invité à vivre un « safari urbain » aux États-Unis en tant que mon invité. Je m'attendais à vivre une séquence du film *Crocodile Dundee à New York*, mais John m'a fait la leçon une fois de plus. Ses connaissances, son attitude, son savoir-faire et ses habitudes de vie lui ont servi à merveille. Ses grandes capacités d'observateur, de pisteur et de guide étaient évidentes dès le moment où je suis allé le chercher à l'aéroport de San Diego.

Tandis que je m'émerveillais de la richesse des connaissances que possédait notre guide, John, et qui lui permettaient de voir la

région de Maasaï-Mara comme accueillante plutôt qu'inhos-
pitalière, je me demandais comment il réagirait dans mon
environnement, le sud de la Californie, ou dans d'autres cités
ou pays industrialisés. Je me suis vite rendu compte qu'il était
mieux préparé pour survivre et se débrouiller dans son monde
et dans le mien, que je ne le serais jamais pour survivre et me
débrouiller dans le sien. Lorsqu'il est venu me rendre visite en
Amérique au cours de l'été suivant, il ne s'est jamais conduit
comme un «touriste» mais il a conservé le profil du «guide» par
excellence.

John a remarqué que la roue arrière gauche d'un camion dansait et il a suggéré que nous fassions signe au conducteur pour l'en informer et lui dire de la réparer. J'ai répondu qu'on n'a pas l'habitude de faire ce genre de choses sur les autoroutes du sud de la Californie. Il a haussé les épaules en se demandant pourquoi. Il a remarqué les différents plaques d'immatriculation avec un slogan, ou personnalisées, leur couleur différente selon les États, et il a constaté que chacune affichait une date d'expiration différente. Il a noté la présence des pigeons juchés sur les surplombs de l'autoroute, des corbeaux sur les fils téléphoniques, des mouettes au bord de l'océan, des faucons tourbillonnant dans l'air au-dessus des canyons, et des hirondelles dans les arbres. Il a constaté qu'il y avait différents types de conducteurs : les «coureurs automobiles», ceux qui avancent à pas de tortue, les «enragés du volant» et ceux qui conduisent au milieu de la route. On aurait dit qu'il était comme un radar et une éponge tout à la fois. Rien n'échappait à son regard, et sa curiosité était comparable à celle d'un enfant dans un magasin de jouets.

Durant notre visite au parc *Sea World*, il a consacré plus d'une demi-heure à examiner les lamantins, observant que quelques-uns portaient des cicatrices de blessures causées par les bateaux à moteur qui circulent un peu partout dans les Everglades de la Floride. Il a passé une heure à comparer la puissance de poussée des épaulards avec la capacité de bondir du lion et il est demeuré bouche bée devant le fait que ces merveilleux mammifères marins sont capables de se propulser à plus de quatre mètres de hauteur en ne parcourant qu'une faible distance sous l'eau pour prendre leur élan.

Nous n'avons pas visité le très réputé jardin zoologique de San Diego pour des raisons évidentes. Même si ses installations offrent une merveilleuse occasion au public de découvrir la vie sauvage, cela aurait été une expérience triste pour un habitant de Maasaï d'avoir, sans doute, un aperçu de ce qui risque d'arriver aux gens et aux animaux sauvages d'Afrique de l'Est une fois que leur territoire sera envahi, séparé en lots, qu'on y passera le bulldozer et qu'on y mettra des clôtures partout. Nous sommes plutôt allés visiter *Disneyland*, un samedi où il y avait une foule record. Même avec des réservations par ordinateur indiquant sur nos billets les heures où nous étions censés profiter de chaque attraction ou manège, la période d'attente fut de plus d'une heure à chacun des endroits.

La longue attente en ligne sous le soleil éclatant n'a pas déconcerté John le moins du monde. Nous n'avons même pas essayé de nous procurer quelque chose à nous mettre sous la dent, car les files d'attente étaient de près d'une heure à cet endroit également. Au milieu de la journée, alors que nous étions entourés de plus de cent cinquante mille personnes, trente mille promeneurs et au moins dix mille enfants et bambins capricieux, John m'a regardé en souriant et a dit : «On dirait une grande migration de gnous au Kenya, ne trouvez-vous pas?»

Naturellement, John a préféré le manège *It's A Small World (Comme le monde est petit)* à tous les autres, parce qu'il reflétait l'harmonie des différentes cultures à travers le monde. Lorsque je lui ai demandé si, dans l'ensemble, l'expérience de *Disneyland* lui avait plu, il a répondu qu'il avait trouvé ça bien, mais que cette aventure ne semblait pas donner aux familles beaucoup de temps pour explorer quoi que ce soit et passer du temps de qualité les uns avec les autres. Il se demandait pourquoi nous, les Américains, aimons beaucoup nous rassembler en foule dans des endroits restreints comme les parcs d'attractions, les arènes et même les plages. Il croyait que le fait pour quelqu'un, de pouvoir s'éloigner de la multitude était plus agréable que de chercher à se rassembler en foule durant les temps libres. Et il a remarqué que même à *Disneyland*, tout le monde était fébrile et surtout préoccupé de profiter du maximum de manèges en une visite, ce qui est si typique des touristes qui viennent au Kenya et se précipitent çà et là pour prendre le plus de photos possible, avant de poursuivre en coup de vent vers le prochain plan d'eau à voir dans un horaire hyper-chargé.

John et moi sommes allés visiter le *Musée de l'homme* et *le Musée d'histoire naturelle,* dans le parc Balboa, à San Diego, et nous avons tous les deux remarqué les similitudes entre les outils, les armes et les habitations des sociétés anciennes à travers le monde. À l'Université Pepperdine, à Malibu, nous avons pris notre petit-déjeuner en compagnie du président de l'institution, dans sa salle à manger privée, et j'étais étonné de constater à quel point John semblait tout aussi calme et détendu dans un tel contexte qu'il l'avait été au cours de nos randonnées à travers les plaines de Mara.

Rien ne semblait déconcerter John, mais il m'a confié plus tard que l'événement le plus passionnant de son voyage avait eu lieu après qu'il m'avait laissé à San Diego pour rejoindre un ami dans le Michigan. En plus de l'expérience de se trouver dans le Midwest américain, qui diffère du sud de la Californie à plus d'un égard, il a dit qu'il avait beaucoup apprécié les activités nautiques sur quelques-uns des merveilleux lacs du Michigan. Il a ajouté : « Je me suis amusé beaucoup en faisant du ski nautique. C'est un réel défi jusqu'à ce que vous parveniez à maîtriser la chose. » Il a confié qu'il avait d'abord regardé les autres faire, puis il a essayé d'imiter leurs techniques. J'ai demandé : « Étiez-vous nerveux quand vous avez essayé pour la première fois de vous tenir debout sur les skis ? » « Pas vraiment à ce moment-là, a-t-il dit. Seulement après que je sois tombé et que j'aie lâché le câble. » « Pourquoi cela ? » ai-je renchéri. « Parce que je ne savais pas nager ! » a-t-il répondu en riant.

Je me trouvais devant un Maasaï qui n'avait jamais appris à nager parce qu'il n'y avait aucun contexte pour vivre une telle expérience dans le territoire de Mara, en Afrique de l'Est. Pourtant, il s'est essayé au ski nautique parce que le risque ne lui paraissait pas si grand et qu'il avait conclu que le gilet de sauvetage que tout le monde portait lui permettrait de garder la tête hors de l'eau. C'est pourquoi il n'avait pas cru nécessaire d'aviser ses amis qu'il ne savait pas nager.

Nous aspirons tous à façonner notre propre vie, à prendre en main notre destinée. Mais nous nous trouvons confrontés, pour la plupart, au même dilemme dès l'adolescence. Que faire, réellement, de nos journées ? Quels sont les choix qui s'imposent à nous ? Comment agir de sorte que notre vie ait vraiment un sens et qu'elle nous procure les récompenses et la joie espérées ? Comment savoir si nous avons choisi la bonne carrière et des objectifs de vie valables ? Sur qui devrions-nous fixer le regard en tant que modèle à imiter ?

Il ne fait aucun doute que la connaissance, l'attitude, le savoir-faire et les habitudes de vie assurent la victoire sur la peur.

Dans le prochain chapitre, nous verrons pourquoi la connaissance doit être assimilée par le moyen du savoir-faire et des habitudes de vie afin que notre capacité de survie et de résilience se transforme en actions spontanées qui nous permettront de rester calmes et maîtres de nous-mêmes lorsque nous serons confrontés à des situations pressantes. Sans doute le principal objectif dans le fait de demeurer des éternels apprentis est que cela nous permet de découvrir quels sont nos talents, nos passions fondamentales et nos limites. Le fait de nous connaître nous-même et de grandir dans une telle connaissance est la voie de l'actualisation de soi.

Ces questions vitales ne devraient jamais être prises à la légère ni abordées de manière simpliste. Nous ne devrions pas laisser nos premières expériences d'emplois après le collège déterminer la suite de notre vie. Et nous ne devrions pas laisser nos parents, nos professeurs ou nos amis décider de nos choix de carrière non plus – ni permettre que des questions d'argent dirigent les décisions ultimes dont les enjeux affecteront la suite de notre vie. La plupart des gens laissent des facteurs extérieurs tels que l'emploi ou le lieu géographique déterminer le cours de leur existence. Ils sont comparables au poulet dans l'énigme de l'œuf et de la poule. Mais si l'œuf devient le point de départ, c'est la conviction intérieure qui est davantage susceptible de nous assurer la réussite. C'est pourquoi il nous faut d'abord établir des objectifs valables et une direction pour notre vie, en demeurant fidèles à nous-même en premier.

Le but de ce questionnement paraîtra clair si nous prenons le recul nécessaire pour y inclure la personne dans toutes ses dimensions. Cette évaluation personnelle engendre une autre question fondamentale: Pourquoi les gens se sentent-ils habituellement mieux équipés et plus motivés pour tout ce qui touche leurs activités de loisir que leur vie professionnelle?

Si ce n'était pas une question d'argent, de disponibilité ou de circonstances particulières, comment choisiriez-vous d'utiliser le temps qu'il vous reste à vivre ? Quelles sont les activités que vous appréciez le plus et auxquelles vous n'êtes pas en train de vous consacrer en ce moment ? Quels sont les talents particuliers, les habiletés et les connaissances que vous possédez et que vous n'êtes pas en train d'exploiter pleinement au présent ? Quelle est votre passion fondamentale, qui a très peu à voir avec votre pension éventuelle ?

• • •

En n'oubliant jamais la soif de savoir que vous avez, et en vous engageant à demeurer un éternel apprenti dans la vie, vous trouverez un jour ou l'autre la réponse aux questions ci-dessus, et même davantage. Plus vous acquerrez de connaissances, moins vous serez neutralisé par la peur. Vous demeurerez ouvert aux défis qui se présentent à vous et vous trouverez en vous-mêmes la source de votre sécurité.

L'acquisition du savoir est une expérience d'apprentissage continuel et pas seulement l'accumulation de données ou d'informations. Il n'y a pas si longtemps, ce que vous appreniez à l'école était largement suffisant pour obtenir un emploi ; vous pouviez vous appuyer sur ces connaissances durant le reste de votre vie. Mais avec l'accès à l'information qui grandit de manière exponentielle, ceci n'est désormais plus le cas. Des centaines de travaux scientifiques sont publiés chaque jour. Chaque trente secondes, une nouvelle société de technologie produit une innovation de plus. De nos jours, l'éducation formelle que l'on reçoit dans une école a une très courte durée de vie, peut-être pas plus de dix-huit mois.

Dans cette jungle de la vie moderne, où il y toujours quelque chose de nouveau à assimiler, les leaders ont besoin de développer une nouvelle approche devant le défi d'apprendre – et plusieurs en démontrent la réalité. Bien que la majorité d'entre eux soient trop occupés à gérer une entreprise pour passer du temps dans une salle de classe, ils sont constamment en train d'apprendre en autodidactes, à assimiler de nouvelles idées et connaissances essentiellement sur le tas.

Leur soif de savoir provient de leur curiosité naturelle, et leur nature de fonceur influence la manière dont ils apprennent. Elle les pousse à creuser plus à fond, à chercher à découvrir non seulement le «comment», mais aussi le «pourquoi» des choses. Il est intéressant de constater que les individus qui connaissent le «pourquoi» sont généralement entourés de nombreuses personnes spécialisées dans le «comment» qui travaillent pour eux.

Ainsi, le processus d'apprentissage continu exige bien davantage que le savoir acquis dans une salle de classe. Dans un monde où travailler en équipe est essentiel, il est impérieux de nous connaître nous-mêmes et de savoir aussi comprendre autrui. Dans un univers haute-vitesse tel que le nôtre, il devient difficile de distinguer entre les habiletés de développement personnel et celles qui concernent les affaires. Les professionnels qui croient qu'ils ont acquis suffisamment de savoir en obtenant leur diplôme, s'exposent à se retrouver rapidement dans une position d'obsolescence.

Le processus d'apprentissage continu, qui fut jadis le privilège d'une minorité, est devenu absolument vital de nos jours pour atteindre une réussite durable.

Mais bien qu'il y ait un danger à aspirer au leadership sans faire l'effort de bien connaître le domaine dans lequel nous évoluons, il est aussi dangereux de nous prétendre des experts. Le danger réside surtout dans la perte de la capacité de nous émerveiller. Au lieu d'être animés par la curiosité, nous aurons alors tendance à défendre ce que nous avons déjà examiné, inventé, créé, mis en marché, ou publié dans le passé. En ne faisant que répéter des réponses sûres maintenant, nous perdrons l'habitude de redire les mots si libérateurs suivants : «Je ne sais pas...»

Les leaders qui sont constamment en processus d'apprentissage, tout au long de leur vie, n'oublient jamais à quel point il leur reste des choses à apprendre. Bien que la somme de leur savoir et de leurs expériences ait fait d'eux des enseignants et mentors, ils continuent de se percevoir eux-mêmes comme des éternels apprentis. La raison primordiale pour laquelle il nous faut éviter à tout prix de nous percevoir comme des experts – même lorsque nous continuons à acquérir des connaissances dans un domaine – est qu'une telle attitude risque de nuire sensiblement à notre capacité de concevoir et de travailler sur de nouvelles idées. Dans le prochain chapitre, je vais mentionner une série de stratégies et de repères qui sont susceptibles de nous aider à mieux nous adapter à un monde en continuelle mutation, dans lequel la seule règle semble être le changement.

Votre attitude constitue un verrou ou une clé

J'ai consacré les quarante dernières années à chercher les réponses qui assurent aux êtres humains de jouir du bonheur et de mener une vie productive et pleine de sens. J'ai cassé la croûte en compagnie de personnalités parmi les plus prestigieuses du monde du sport, des médias, des affaires, de l'arène politique, du monde du spectacle, de celui de la recherche scientifique et de personnages religieux très en vue de notre génération, et j'ai eu le privilège d'interviewer et d'observer un grand nombre d'autres hommes et femmes moins connus, mais qui avaient peut-être atteint une réussite plus importante encore que les premiers, parce qu'ils étaient avant tout préoccupés de devenir des modèles digne d'être imités ; c'est pourquoi ces derniers recherchaient rarement la gloire ou la notoriété.

Le trait de caractère déterminant – parmi tous les autres, incluant l'intégrité, la détermination, la capacité de se concentrer sur un objectif, la persévérance et la grâce – qui semblait être le dénominateur commun des gagnants que j'ai rencontrés, est la capacité de croire en soi, ce que j'appelle l'optimisme.

Il y a un certain temps, j'ai eu le privilège d'être invité par Billy Graham en tant que conférencier, au cours d'un grand rassemblement qui comptait une trentaine de milliers de personnes. Avant que ne débute l'événement, le Dr Graham a pris le temps de se relaxer un moment, comme à son habitude, dans une petite caravane derrière le stade. Nous nous sommes salués en échangeant une poignée de main. «Dites-moi, mon cher Denis, me dit-il, en me fixant attentivement de son regard pénétrant, combien de vies estimez-vous avoir transformées au cours de votre carrière?» Un peu décontenancé par sa question, j'ai néanmoins répondu avec un sourire: «Je crois en avoir changé au moins une, pour sûr, Billy. La mienne.»

«Pareil de mon côté, a-t-il ajouté, avec un éclat dans les yeux. Je crois que la seule vie que j'aie réellement transformée soit la mienne. Mais je m'efforce d'avoir une influence salutaire sur ceux qui m'entourent parce que je crois à l'importance de ce que j'ai à dire et je crois en ce que je fais. Pas vous?»

J'ai acquiescé. «Mon travail, ai-je ajouté, s'appuie sur des convictions profondes auxquelles j'adhère de toute mon âme.» Il m'a rappelé que lorsque nous parlons de notre foi et de nos attitudes, nous devons nous référer au livre le plus formidable qui ait été écrit sur le sujet, et au professeur le plus percutant de tous les âges. Il a résumé sa pensée en disant: «Va ton chemin – et selon ce que tu auras cru, il te sera fait en conséquence.»

Cette affirmation toute simple est une arme à double tranchant: elle peut être un verrou, ou une clé. Les convictions personnelles sont une clé qui peut ouvrir la bonne porte, le moyen de nous débarrasser du verrou qui emprisonne tout un chacun, l'empêchant d'atteindre la réussite à laquelle il aspire. C'est un pouvoir à la portée de tout le monde, mais dont peu de gens font bon usage. Aucun individu ne le possède plus qu'un autre. C'est pourquoi, la vraie question est de savoir d'abord si nous avons la foi, et si nous en faisons un usage approprié.

Les convictions personnelles, en tant que force positive, constituent la promesse de réalisation des choses espérées et invisibles. Du côté négatif, elles sont la prémonition de nos peurs les plus profondes et des puissances invisibles de l'ombre. (Nombre de gens vivent une vie caractérisée par un désespoir porté dans le silence, et ils traversent la majorité de leurs jours dans une angoisse semblable à celle que j'ai vécue durant ma première nuit de safari sous la tente.) L'absence de foi est une réalité qui

n'existe pas ; la foi est toujours soit optimiste, soit cynique et me-
nant au désespoir.

Tout comme notre ami maasaï, John, à qui on avait donné le pouvoir, en tant qu'aîné de son village, de pratiquer certaines cérémonies de guérison et de prononcer des imprécations, chacun porte en lui-même certaines convictions fondamentales qui influencent énormément les enjeux de ses actions de même que celles des personnes qui cherchent auprès de lui une direction pour leur vie. Il s'est écrit beaucoup de choses, au cours des siècles, sur la question de la *prophétie qui s'accomplit d'elle-même.* Ce type de prophétie est une déclaration qui n'est pas nécessairement vraie ou fausse, mais qui a le potentiel de se réaliser lorsqu'on y croit. J'ai souvent traité de cette question, au cours de mes exposés et dans mes autres livres, soulignant que la pensée ne peut distinguer entre les choses qui sont bien réelles et celles que nous imaginons avec toute notre énergie – ce qui explique en partie pourquoi la foi et les convictions personnelles sont si importantes.

À titre d'exemple, lorsque nos craintes et nos inquiétudes se transforment en angoisse, cela se traduit par une certaine souffrance. Ce malaise agit sur notre système endocrinien pour altérer la production d'hormones et d'anticorps. Notre système immunitaire s'en trouve moins alerte ; notre niveau de résistance dimi-nue ; nous devenons plus vulnérables à la menace de bactéries, de virus et d'au-tres dangers qui nous guettent. J'ai souvent répété que les ulcères ne sont pas le résultat de ce que nous mangeons, mais plutôt des inquiétudes qui nous dévorent. Les résultats de recherches tendent à confirmer que certaines formes d'asthme sont d'origine psychosomatique – davantage liées au caractère étouffant d'une relation parent-enfant (l'amour qui tend à surprotéger) qu'à des facteurs aller-gènes extérieurs. Dans certains cas, la simple photo d'un instrument de cor-rection comme une verge, par exemple, suffisait à déclencher une attaque de fièvre allergique. Souvent, ce que nous craignons voir arriver, ce que nous croyons être en train d'arriver, finira par *provoquer* le résultat en question.

La profonde solitude et les blessures engendrées par ce que nous appe-lons un cœur brisé peuvent véritablement conduire à des problèmes corona-riens. Il semble également y avoir un lien apparent entre le refoulement de certaines émotions négatives et l'émergence de tumeurs cancéreuses. Certaines migraines sont peut-être provoquées par le sentiment d'être tiré dans deux directions à la fois. Une personnalité rigide et la colère refoulée ont été définies comme des facteurs favorisant certains cas d'arthrite.

La foi est une maison qui abrite de nombreuses convictions, et il est temps que nous mettions un peu d'ordre dans notre demeure. En quoi notre style de vie – nos attentes et nos prévisions – affecte-t-il notre santé et notre bien-être personnel ?

Il m'arrive à l'occasion, durant mes conférences, de raconter l'histoire d'un homme nommé Nick. (Une reconstitution de cette histoire sur bande vidéo en anglais est disponible sur demande au siège social de American Media, à Des Moines, dans l'Iowa.) Nick, un homme de chantier solide et en santé, travaillait pour une société de chemin de fer et s'entendait assez bien avec ses compagnons de travail. C'était quelqu'un sur qui on pouvait compter en tant qu'employé. Toutefois, il faisait preuve d'un profond pessimisme en général et ne cessait de craindre que le ciel ne lui tombe finalement sur la tête. Un jour de printemps, les équipes de la société de chemin de fer ont été informées qu'elles pouvaient quitter leur travail une heure plus tôt ce jour-là, parce que c'était l'anniversaire du contremaître. Lorsque les autres ouvriers eurent quitté les lieux, Nick, l'incorrigible pessimiste, est demeuré enfermé par inadvertance dans un wagon frigorifié qui se trouvait dans la cour de la société pour être réparé.

Notre homme a alors cédé à la panique. Il s'est mis à crier et à frapper jusqu'à ce que la voix lui manque et que ses poings soient ensanglantés. Ses nombreux appels au secours, si jamais quelqu'un les avait entendus, avaient été perçus comme venant d'un terrain de jeux tout près ou comme le bruit d'autres wagons de train reculant ou avançant dans la cour.

Nick s'est aperçu bientôt que le thermomètre à l'intérieur du wagon indiquait 0 °F. «Si je n'arrive pas à sortir d'ici, pensa-t-il, je vais mourir gelé.» Sur une boîte de carton qu'il avait trouvée, tremblant sans pouvoir s'arrêter, il a griffonné un message pour sa femme et sa famille qui disait : «J'ai si froid... Mon corps devient engourdi. Si je pouvais seulement m'endormir. Ce sont sans doute là mes dernières paroles.»

Le lendemain matin, l'équipe de travail a ouvert la lourde porte du wagon et a découvert le corps inanimé de Nick. L'autopsie a révélé que tous les éléments de l'examen confirmaient que l'homme était mort de froid. Toutefois, le système de réfrigération du wagon n'était pas activé. La température à l'intérieur était demeurée à 61 °F et il y avait suffisamment d'air frais. La peur de Nick s'était transformée en prophétie qui s'accomplit d'elle-même.

Les scientifiques ont depuis longtemps compris que les hormones jouent un rôle déterminant dans le contrôle de certains de nos processus biologiques. L'adrénaline nous permet d'affronter un danger qui nous menace ou de nous enfuir, et elle agit comme un ressort dans l'accomplissement de certaines performances physiques. L'insuline règle le niveau de glucose dans le sang. Nous avons découvert que notre corps sécrète des hormones semblables à la morphine pour neutraliser la douleur et nous procurer des sentiments d'exaltation naturels. Ces endorphines naturelles peuvent atteindre une puissance de cinquante à quatre-vingt-dix fois supérieure à celle de la morphine.

Sans doute êtes-vous déjà renseigné sur l'effet placebo (placebo veut dire de manière littérale : je veux plaire). Un placebo est une substance inerte administrée à des volontaires au cours d'une étude clinique, alors que d'autres reçoivent un médicament expérimental quelconque – dont l'effet réel est évalué en mesurant les différences de réponse du médicament par rapport au placebo inoffensif. Quelques membres d'un groupe de recherche qui venaient de se faire arracher les dents de sagesse reçurent de la morphine pour soulager leur douleur ; on donna aux autres un placebo qu'ils croyaient être un puissant médicament contre la douleur. Plusieurs de ces derniers ont dit qu'ils avaient ressenti un soulagement spectaculaire de la douleur, croyant sans l'ombre d'un doute qu'ils avaient eux aussi reçu de la morphine. Toutefois, lorsqu'un médicament qui bloque le mécanisme de fabrication des endorphines leur a été administré, la douleur est revenue presque sur-le-champ. Cette étude clinique, et plusieurs autres du même genre, ont confirmé une réalité très importante : lorsqu'un patient croit avoir reçu un médicament contre la douleur, son cerveau génère certaines substances chimiques pour appuyer une telle conviction. En bref, l'effet placebo est un acte de foi.

L'optimisme est l'incurable condition d'une personne qui a la foi.
Les optimistes sont persuadés qu'il est possible de remédier à la

plupart des maladies, des angoisses, des dysfonctionnements et des perturbations dans la vie. Les optimistes mettent en général l'accent sur la prévention et le bien-être. Leurs pensées et leurs actions sont dirigées vers les solutions, la santé et la réussite. Ils s'attendent à des résultats positifs et à des récompenses, plutôt qu'à subir les douleurs et les revers d'un échec.

De nombreux ouvrages ont été écrits sur le pouvoir de guérison par la pensée. L'un de mes préférés, qui a pour titre *The Anatomy of an Illness: As Perceived by the Patient (Anatomie d'une maladie : telle que perçue par le patient),* fut un best-seller aux États-Unis, il y a environ vingt-cinq ans, et demeure tout aussi pertinent à notre époque qu'il ne le fut alors. Le livre a été écrit par Norman Cousins, l'ancien éditeur de *Saturday Review*, qui fut hospitalisé à la suite d'une maladie invalidante extrêmement rare. Après que la médecine traditionnelle se fut révélée incapable d'améliorer sa condition et qu'il ait été déclaré invalide, notre homme a pris congé de l'hôpital. Étant conscient de l'effet néfaste des émotions négatives sur le corps humain, il a conclu que le contraire devait également être vrai. Il a commencé à croire à l'idée qu'il retrouverait bientôt la santé.

Il a emprunté un projecteur et s'est prescrit lui-même un plan de traitement qui consistait à regarder des vieux films des Marx Brothers et des reprises de l'émission de télé américaine Candid Camera. Il s'est mis à étudier tous les aspects de sa maladie et, avec l'aide de son médecin, a fait des recherches sur ce qui devait se passer dans son organisme pour que celui-ci se rétablisse. Dans son livre, il raconte qu'il « a fait la joyeuse découverte que dix minutes de rire à gorge déployée lui procureraient au moins deux heures de sommeil sans douleur ». Ce qui avait semblé être une maladie cellulaire dégénérative fatale a vu son processus renversé et Cousins fut presque complètement rétabli.

Ses expériences ont paru dans le *New England Journal of Medecine*, et, en plus de l'Université UCLA, où il a servi en tant que membre de la faculté durant des années, trente-quatre autres écoles de médecine ont inclus son ouvrage dans leur liste de manuels obligatoires.

Pensées et images ont toutes deux une influence déterminante et quantifiable en termes de réaction physique. Ce qu'enfante l'esprit humain, le corps le manifeste d'une manière ou d'une autre. Des études très récentes ont établi que l'effet placebo est nettement plus puissant que ce que nous avions estimé auparavant. C'est pourquoi, il vous faut faire preuve de prudence à l'égard de ce que vous croyez et affirmez – la chose pourrait très bien se produire.

Ce que j'ai fortement ressenti est le fait que la sagesse est la capacité éternelle de transformer un événement négatif en une expérience d'apprentissage, qui peut engendrer des résultats très positifs dans l'avenir. La sagesse nous permet d'apprendre de nos erreurs, de manière à ne pas les répéter. La sagesse nous permet d'apprendre de nos propres réussites, de manière à en assurer la continuation de manière durable. La sagesse nous permet d'apprendre des erreurs d'autrui, de manière à nous dispenser d'avoir à les vivre nous-mêmes. Et, la sagesse nous permet d'apprendre de la réussite d'autrui, d'une manière qui permet de réduire sensiblement la période « d'essais et d'erreurs » avec ses risques inhérents, ce qui peut nous épargner des années de frustration et nous procurer davantage d'années de vie active.

J'ai eu besoin d'une balade au milieu de la jungle pour parvenir à mieux comprendre et à appliquer ces principes au quotidien, et à découvrir qu'il me reste encore beaucoup de « leçons de sagesse » à apprendre, dans ma vie en tant que safari sauvage.

CHAPITRE DIX

Panneaux indicateurs
dans le paradis sauvage

omme il ne restait que deux jours à mon premier safari, je me suis
constitué une liste d'habiletés à cultiver en vue d'acquérir une
certaine sagesse qui me permette de passer du statut de «touriste»
inquiet dans la vie à celui de «guide» courageux pour moi-même et ma
famille. Le matin de la veille de mon départ, j'ai rédigé ce qui suit:

- ❏ Connaître mon environnement.
- ❏ Connaître les autres participants.
- ❏ Connaître mes propres forces et limites.
- ❏ Connaître mes objectifs et mes motivations intérieures.
- ❏ Reconnaître que les autres ont un agenda différent du mien et que celui-ci est souvent caché.
- ❏ Reconnaître qu'il y a des gens qui donnent et d'autres qui prennent, qu'il y a des proies et des prédateurs.
- ❏ Découvrir comment faire partie de ceux qui donnent, sans devenir une proie facile pour les éventuels prédateurs.
- ❏ Connaître suffisamment de choses pour répondre: «je ne sais pas».
- ❏ Reconnaître que le changement est la règle d'or, mais non la mesure des choses.

Pour compléter le tableau de l'acronyme CASH dont nous avons parlé au chapitre précédent, nous devons inclure le savoir-faire et les habitudes de vie à nos connaissances et à nos attitudes. La raison pour laquelle le savoir-faire et les habitudes de vie sont si essentiels pour survivre et tirer notre épingle du jeu dans le paradis sauvage qu'est la vie, c'est que nous vivons dans un monde où tout se déroule en accéléré et que nous sommes confrontés à plus de changements en une seule journée que nos parents en ont vécu durant une décennie.

> *La condition actuelle de notre société me rappelle les mots d'introduction de Charles Dickens dans son roman Un conte de deux cités : « C'était la meilleure des époques, mais c'était aussi une période horrible de notre vie. »*

C'est une période horrible si on en juge par certains aspects de notre vie en tant que nation, tels que l'insécurité grandissante devant la menace terroriste dont nous sommes les victimes chez nous ; notre recherche maladive de plaisirs sensuels, notre système de valeurs en train de s'éroder et les loisirs de plus en plus violents ; notre mentalité chauvine d'Américains de souche marquée par notre prétendu droit à la prospérité qui nous aveugle face à l'insatisfaction grandissante des nations en développement et face à celle des nouveaux immigrants dans notre pays, qui sont prêts à offrir bien plus de leur personne qu'ils ne s'attendent à recevoir en retour ; notre dépendance aux gaz fossiles comme principale source d'énergie, jointe au fait que nous polluons notre propre habitat ; et finalement le malaise général qui grandit entre ceux qui *ont* et ceux qui *n'ont pas*, de même qu'entre les différents groupements religieux, ethniques et sectaires. Mais c'est la meilleure des époques parce que nous jouissons d'un accès instantané à un savoir qui a le potentiel de nous libérer de l'esclavage de l'ignorance et de ce qu'une telle lacune engendre habituellement, c'est-à-dire les préjugés.

Nous *traversons* des temps difficiles. C'est pourquoi bien des gens attendent des jours meilleurs et espèrent que l'avenir va leur sourire en leur procurant des perspectives meilleures, y compris un énorme chèque tôt ou tard de la loterie nationale. D'autres aimeraient bien reculer les aiguilles de la montre et revenir à « la belle époque », où il n'était pas nécessaire de verrouiller sa porte, où le prix de l'essence était à 0,25 $ le litre et où vous n'aviez pas à retirer la moitié de vos vêtements en traversant la porte d'embarquement avant de prendre l'avion pour un voyage d'affaires ou une semaine de vacances.

De nos jours, si vous ramassez un journal et que vous parcourez la page éditoriale, vous risquez de lire quelque chose comme ce qui suit :

Le monde est trop vaste pour nous. Trop de choses sont en train de se passer, trop de crimes, trop de violence et d'excitation. Quels que soient les efforts que vous y mettiez, vous vous verrez distancés dans la course. Garder le rythme exige un effort continuel, mais malgré tout, vous perdez sans cesse du terrain. La science vous livre ses découvertes avec une telle rapidité que vous vous sentez écrasés sous son poids, dans un état de complet ahurissement et de désespoir. L'univers politique fait la manchette des journaux si souvent que vous en perdez le souffle à essayer de découvrir qui est le héros encensé par tout le monde et qui est le truand à mettre en prison. Tout est en constante ébullition. La nature humaine est à la limite de sa résistance. Elle ne peut en prendre davantage !

Cet éditorial ressemble à celui qui aurait pu paraître dans le *Washington Post* ou le *Los Angeles Times* la semaine dernière. Mais il a été publié, il y a plus de cent soixante-quinze ans, le 16 juin 1833, dans l'*Atlantic Journal*. Et c'était justement durant «la belle époque». Quelles sont les implications de cela pour vous et moi ? Que pouvons-nous apprendre à ce sujet ? Je crois que ce simple éditorial dépenaillé, vieux de près de deux siècles, nous enseigne un secret sur la manière de survivre et de tirer notre épingle du jeu dans le paradis sauvage qu'est la vie.

Lorsque nous examinons l'histoire passée, nous devons reconnaître que «la belle époque» avait aussi son lot de conditions mauvaises. Je parle ici des guerres mondiales, des épidémies, et d'une panoplie de tyrans régnant sur des populations serviles, prêts à tuer et à emprisonner quiconque défendait des valeurs différentes des leurs. Il y a aujourd'hui, par ailleurs, une telle emphase sur ce qui ne va pas à travers le monde, alors que la télévision nous ouvre une fenêtre en direct sur les différentes tragédies qui se déroulent dans l'univers personnel des gens, que si la première application de l'invention de l'électricité avait été la chaise électrique plutôt que l'ampoule électrique, nous serions tous avertis par les médias à sensation de ne pas brancher nos grille-pain et nos téléphones cellulaires !

En regardant vers le passé, nous y apercevons toujours et la belle époque et les périodes horribles. Je suis reconnaissant de ne pas avoir à prendre mon bain dans une énorme cuve, dans de l'eau réchauffée sur un poêle à bois ou une fournaise au charbon. À l'époque, on prenait son bain dans la même eau que le reste de la famille qui s'y était lavée avant vous. Si vous étiez juste après votre oncle, et que, par manque de pot, celui-ci élevait des cochons, vous ne sentiez pas nécessairement meilleur en sortant de la baignoire. J'ai souri en méditant sur cette pensée tandis que j'étais sous la douche, dont le jet d'eau chaude était produit par l'énergie solaire, là, sous la tente, sur le territoire de Maasaï-Mara.

Comme je suis un éternel optimiste, j'ai confié à John, durant notre excursion du matin, que je m'attendais à vivre assez longtemps pour assister à l'apparition de véhicules motorisés fonctionnant à l'aide de batteries et servant à faire la navette entre la maison et le bureau, ou les magasins. Pour les plus longs déplacements, il y aura des voitures, des autobus ou des camions munis d'un moteur à hydrogène qui ne pollue pas. Le tuyau d'échappement des véhicules circulant sur les autoroutes de l'avenir laissera échapper un mélange de vapeur et d'oxygène à l'état pur, résultant de la combustion de l'hydrogène liquide. En effet, il y aura ainsi des dizaines de millions d'aspirateurs ambulants, avalant le smog de Los Angeles, de Mexico et de Bangkok, et le remplaçant par de l'air plus pur que celui qui se trouve au-dessus du mont Kenya. Un énorme semi-remorque foncera sur l'autoroute en rugissant et laissera échapper des nuages d'oxygène à l'état pur de ses cheminées. Il y aura écrit sur un autocollant derrière le camion: «Les routiers font de l'air pur».

John a rétorqué qu'il fallait que ça se passe ainsi pour que nous puissions survivre sur cette planète. Et nous étions tous deux d'accord que «la belle époque se trouve ici et maintenant». Autrement, nous passerions notre vie les yeux rivés au rétroviseur pour contempler les bons moments que nous avons eus dans le passé, pour nous plaindre de nos conditions affreuses actuelles et pour justifier notre manque d'imagination et d'engagement concret devant les réalités d'aujourd'hui. Comme la génération présente n'accorde que peu d'intérêt à l'histoire en vue de ne pas répéter les erreurs des autres époques, la plupart des gens ne peuvent apprendre du passé, que les difficultés font partie de la vie et que celles-ci sont généralement omniprésentes durant les temps de profonde mutation. En se plaignant que le monde est cruel et en cherchant à s'évader dans une panoplie d'émissions de télé-réalité insipides, ils n'ont ainsi jamais besoin de relever leurs manches et de s'attaquer à leurs problèmes. Ils peuvent mettre le blâme sur le gouvernement local ou national pour leurs difficultés, et jouer au nouveau jeu très populaire dans la société actuelle – *Trouvons un bouc émissaire!* Il s'agit d'un jeu de société où tout le monde court se cacher et cherche à trouver quelqu'un qui soit fait sur mesure pour le rôle en question.

Au cours de mes différents exposés et conférences, il m'arrive de réciter une sorte de poème qui résume mes sentiments personnels sur le sujet :

> *Si vous vous sentez morose, abattu, à plat,*
> *il ne faut pas en conclure que vous êtes un maladroit.*
> *La meilleure chose à faire est de prendre un avocat*
> *et de faire un procès à celui qui vous a mis dans cet état.*

Alors, comment sommes-nous censés nous comporter dans cette époque qui est la meilleure et la pire en même temps ? Je crois que nous devons cultiver la capacité de composer avec la réalité actuelle en remplaçant les mauvaises habitudes que nous avons acquises par observation, imitation et répétition, par de nouvelles qui soient plus saines.

Transformer le stress en réussite

J'ai noué de précieuses et profondes relations au cours de ma vie, mais les personnes qui ont eu une influence marquante sur moi en tant que modèle ont été ma grand-mère, Mabel Ostrander, le Dr Jonas Salk – qui a mis au point le premier vaccin efficace contre la polio –, Billy Graham, dont j'ai parlé précédemment, Anne Morrow Lindbergh, auteure humanitaire et épouse de Charles Lindbergh, qui a effectué le premier vol au-dessus de l'Atlantique, le Dr Myron Wentz, microbiologiste et chef de file de la nutrition cellulaire, Wilma Rudolph, ancienne multi médaillée d'or olympique, Viktor Frankl, psychologue, qui a survécu à l'Holocauste et à écrit le fameux *L'homme à la recherche d'un sens*, et le Dr Hans Selye, qui est reconnu comme étant le père de la recherche sur le phénomène du stress. À l'heure où j'écris le présent ouvrage, tous sont morts à l'exception de Billy Graham et de Myron Wentz, mais ils continuent d'exercer une profonde influence sur ma vie.

J'ai tiré de grands bienfaits de l'amitié profonde qui m'a lié au Dr Hans Selye, décédé en 1982. Lorsqu'il n'était encore qu'un jeune médecin fraîchement débarqué au Canada depuis l'Europe de l'Est, dans les années 1930, il a emprunté le mot *stress* au vocabulaire de la physique pour décrire la réponse du corps à tout ce qui le menace, que ce soit un virus ou un abaissement de la température, ou des émotions telles que la peur et la colère. La définition du stress telle que comprise par le Dr Selye, bien qu'elle soit vieille de trois quarts de siècle, est celle qui décrit le mieux le phénomène, à mon avis.

« Le stress est la réponse non spécifique du corps devant toute demande qui lui est faite, que celle-ci soit agréable ou non. »

J'ai toujours considéré Hans Selye comme étant un petit garçon, avec des yeux clairs et intelligents, enfermé dans le corps fragile d'un homme plus âgé. Nous avons servi ensemble en tant que membres du conseil et de la Faculté de l'International Society for Advanced Education (Société internationale pour l'éducation supérieure), aux côtés de Jonas Salk, et j'étais si fasciné par les recherches pionnières du Dr Selye sur le stress, que je suis allé le visiter à plusieurs reprises, à l'Institut de médecine et de chirurgie expérimentale, à Montréal. Sur une période de cinq ans, j'ai enregistré nos échanges sur bande vidéo, et ces enregistrements figurent parmi mes plus précieux trésors personnels. J'ai toujours été porté à conserver et à partager les moments extraordinaires, au lieu de faire la collection d'objets ou de choses. L'endroit idéal où vivre pour moi serait une bibliothèque avec des étagères du plancher au plafond et une échelle sur roulettes me permettant de naviguer à travers la grande pièce, à la recherche de trésors de sagesse sur pages imprimées, de jour comme de nuit.

Au cours de mes conversations avec Hans Selye, nous avons souvent discuté des deux aspects du phénomène du stress. Il a fait la remarque que le fait d'être assis dans la chaise d'un dentiste ou celui d'échanger un baiser passionné peuvent être tout aussi stressants l'un que l'autre – quoique moins agréable. Il a dit que lorsqu'une maman apprend soudainement que son fils est mort au combat, elle manifeste tous les signes caractéristiques des changements biochimiques associés au stress. Sous l'effet du stress, le corps a besoin de bouger. De plus, la couche de mucus garnissant la paroi de l'estomac commence à se dissoudre, le corps affiche une perte de poids, les glandes surrénales perdent leurs réserves d'hormones et l'individu souffre d'insomnie. Ce sont là des réponses non spécifiques. Toutefois, le résultat concret de cette nouvelle se traduit par une douleur et une souffrance considérables.

Par ailleurs, émettons l'hypothèse que le fils en question arrive au milieu de la salle de séjour, en parfaite santé, quelques années plus tard. Que se passera-t-il alors ? Imaginons que la maman découvre que la nouvelle du décès de son fils était fausse, qu'il avait plutôt été porté disparu au cours d'une action militaire et fait prisonnier au combat. Les effets spécifiques d'une telle expérience seraient agréables. Toutefois le niveau de stress non spécifique serait à peu près le même que dans le cas de la mauvaise nouvelle. Ce n'est pas le stimulus physique qui fait la différence, c'est l'attitude avec laquelle nous prenons la chose.

Un soir, tandis que nous étions assis dans le bureau du Dr Selye, je lui ai confié que mon père m'avait appris ma première leçon de saine gestion du stress alors que je n'avais que neuf ans. Mon père et ma mère se sont séparés peu de temps après, et mon frère, ma sœur et moi n'avons plus eu beaucoup de rapports avec lui, dans la suite de notre vie. Pourtant, je n'ai jamais oublié ce qu'il m'a dit cette nuit-là.

Lorsque je suis allé au lit, il est venu dans ma chambre et s'est assis près de moi un moment pour discuter. Je ne saurais dire si c'est parce qu'il nous a abandonnés lorsque nous étions jeunes, mais il me semble que ces moments où un père et son enfant ont la chance de jouir d'une relation complice avant le coucher et de partager des confidences qui alimenteront le cours des rêves, sont privilégiés. Lorsqu'il quittait ma chambre après m'avoir bordé, mon père avait l'habitude de «souffler» sur la lumière pour l'éteindre, comme par magie. Je ne voyais pas sa main derrière son dos, qui activait l'interrupteur. Tout ce que je me rappelle est qu'il semblait avoir une sorte de pouvoir secret pour éteindre la lumière comme on souffle les chandelles sur un gâteau d'anniversaire.

Une fois que ma chambre se trouvait dans la pénombre, il murmurait doucement: «Bonne nuit, mon fils. N'oublie jamais que lorsque la lumière s'éteint, elle s'éteint aussi sur le reste du monde. La lumière, de même que la vie, est entre les mains de celui qui la possède. La façon dont tu perçois ces deux richesses portera son fruit, quoi qu'en disent les autres autour de toi. Lorsqu'on est heureux, le monde est un endroit merveilleux. Lorsqu'on est triste, c'est un endroit bien solitaire. Garde les yeux grands ouverts et cherche la lumière au milieu des ténèbres. La vie n'est rien d'autre que ce que *chacun* en fait... Ce qui nous arrive n'a pas vraiment d'importance... C'est la manière dont *chacun* y fait face qui compte vraiment ! »

J'ai dit à Hans Selye que ces paroles de mon père, alors que j'étais un jeune garçon, étaient restées vivantes en moi jusqu'à l'âge adulte et brillaient comme un phare dans la nuit. Le Dr Selye m'a avoué qu'il avait la même philosophie que mon père. Il a dit qu'il avait résumé ses vingt ans de recherche dans un ouvrage de trois cents pages, intitulé *Le stress de la vie*. Lorsque la maison d'édition McGraw-Hill l'eut informé que ses explications étaient trop élaborées et compliquées, il a condensé ses recherches en un résumé de dix pages. Lorsque l'éditeur a répondu que son schéma était encore trop complexe, il a décidé de le rendre encore plus bref et de le simplifier en une phrase assez simple pour que tout le monde puisse la comprendre :

« Il vous faut lutter pour atteindre votre objectif le plus élevé, mais ne jamais offrir une résistance qui soit inutile. »

La valeur que j'accorde à ce slogan est révélée par ma réaction lorsque j'expérimente certains aléas inhérents aux horaires de vol au cours de mes voyages. Je figure parmi les très bons clients des sociétés American Airlines et Delta Airlines, ayant accumulé des millions de kilomètres bonis sur ma carte Airmiles, avec mes fréquents déplacements pour des conférences ici et là. Lorsqu'un vol accuse du retard ou est annulé pour une raison ou pour une autre, je suis le premier à descendre de l'avion et à téléphoner pour prendre d'autres arrangements. Je fais de grands efforts pour me rendre à destination par tous les moyens possibles. S'il s'avère que j'ai épuisé toutes les options me permettant de me rendre là où je veux aller – comme prendre un vol de retour vers ma ville de départ, prendre un vol qui fait un long détour, louer une voiture ou une limousine qui m'amène vers une autre ville où je peux effectuer une liaison, louer un jet privé qui accepte de m'y conduire ou prendre le bus ou le train – je loue une chambre d'hôtel où je peux relaxer ou travailler, je commande un repas que je prends le temps de déguster et je téléphone pour avertir que je vais être en retard. Je ne me fâche jamais pour des circonstances sur lesquelles je n'ai aucun contrôle et ainsi, je ne gaspille jamais d'énergie à résister en vain.

Voici quelques règles de savoir-faire qui sont une gracieuseté du Dr Selye et de moi-même, en vue de transformer toute situation de stress en réussite et en sérénité.

1. **Forgez-vous un style de vie qui correspond à votre personnalité et à votre niveau personnel de tolérance au stress.**

Nous nous trouvons pour la plupart, dans l'une ou l'autre des deux grandes catégories suivantes. J'ai réfléchi à ces catégories durant une de mes excursions de safari dans la région de Maasaï-Mara, au Kenya. Il y a d'abord l'humain de type guépard, qui est heureux quand il se retrouve sur la voie rapide. Puis, il y a le type tortue qui est plus enclin à rechercher un environnement calme et tranquille. (Quel spectacle délicieux que d'observer les lionceaux en train de chercher comment extirper la tortue de sa carapace, celle-ci sachant bien quand se déplacer et quand rester calmement chez elle.) Si vous nourrissez un guépard dans un environnement où il n'a plus besoin de foncer, ses muscles vont s'atrophier et après un moment, il ne sera plus capable de courir. Mais si vous voulez enseigner à une tortue à bondir avec la rapidité du guépard, elle en mourra.

Nous essayons, pour la plupart, de vivre comme des guépards. Nous fonçons dans la vie comme si celle-ci était une compétition de vitesse, avec l'espoir de nous trouver sur la haute marche du podium. Mais notre vraie mission est de donner un sens à notre vie en l'investissant dans quelque chose qui mérite notre respect. Cette chose doit devenir notre objectif à *nous* – non celui de nos parents ou de nos amis –, notre but personnel, individuel. Une des manières de savoir si vous êtes sur le bon chemin dans ce domaine est de trouver quelle est votre définition du mot «travail». Nous semblons tous aspirer à des journées de travail plus courtes et à des revenus plus élevés. Que veut dire le travail pour vous et quel plaisir y prenez-vous?

Si le travail a un caractère obligatoire et que vous vous sentez forcés de le faire, vous aurez tendance à définir le plaisir comme étant ce que vous avez envie de faire. Un professionnel de la pêche, qui a passé un moment en mer et revient à la maison, épuisé, aura tendance à vouloir faire un peu de jardinage et se détendre durant la soirée. Le professionnel du jardinage, en revanche, aura sans doute envie d'aller pêcher pour oublier son travail. Bien que nous ayons tous besoin de distractions, nous devons nous assurer que nous prenons plaisir à l'exercice de notre profession, suffisamment pour la définir comme «un métier que nous faisons pour nous amuser». Je connais plusieurs scientifiques, artistes, professionnels de la santé, athlètes, professeurs, philanthropes et entraîneurs qui ne qualifieraient jamais ce qu'ils font de *travail*, bien qu'ils se lèvent à cinq heures chaque matin et pratiquent parfois leurs activités professionnelles jusqu'à douze heures par jour. Il sera possible de développer de plus en plus ce genre d'attitude pour chacun de nous dans la mesure où nous accepterons d'inclure davantage de nos talents naturels et de nos passions fondamentales dans nos occupations journalières. Nous aurons également besoin de comprendre que la motivation intrinsèque, ce feu intérieur, est plus satisfaisante et durable que la motivation venant de facteurs extérieurs tels que l'argent ou la position sociale.

2. Gardez la maîtrise des émotions que vous exprimez en sachant distinguer entre une situation où votre vie est en jeu et celle où elle ne l'est pas. Agissez au lieu de réagir.

Il y a un mythe en psychologie qui prétend que donner libre cours à sa colère est un comportement normal et sain. Nous voyons les têtes d'affiche se conduire ainsi, chaque soir à la télé, et la jeune génération, en particulier, capte ce message aux conséquences néfastes. Le problème quant au fait de donner libre cours à sa colère, est qu'il est impossible de réparer ce qui a été fait ou dit à la personne qui en a été l'objet. Et ce genre de comportement devient vite une habitude. Demandez à n'importe quelle épouse ou maman qui a été la victime d'un mari ou d'un enfant qui pique une colère. Demandez à n'importe quel enfant qui a à subir l'humeur et les mauvais traitements de parents constamment irrités. *La colère peut être la conséquence de valeurs menacées.* La plupart des gens qui expriment beaucoup de colère ont en général une faible estime d'eux-même et voient les opinions divergentes comme une menace personnelle. Les terroristes sont certainement très portés à se dénigrer. De plus, ils croient de toutes leurs forces au mythe faisant d'eux des martyrs à la condition qu'ils sacrifient leur propre vie dans des actions qui détruisent celle d'innocentes victimes.

Dans notre corps, il y a deux types de messagers chimiques : les messagers de paix (les colombes), qui communiquent aux tissus l'information de ne pas lutter, parce que cela n'en vaut pas la peine ; et les messagers de guerre (les faucons), qui communiquent au corps l'information de détruire les substances étrangères en train de l'envahir, et de lutter.

Les messagers de paix sont appelés hormones « syntoxiques » – mot tiré du grec *syn*, qui veut dire ensemble. Ils encouragent les tissus du corps à ne pas s'en faire pour ainsi éviter la maladie. Les messagers de guerre sont appelés hormones « catatoxiques ». Leur mission consiste à rechercher constamment les dangereux envahisseurs qui les menacent, et à les neutraliser. Ces hormones stimulent la production de différentes enzymes qui détruisent certaines substances dans le corps. Le problème avec les gens qui réagissent aux différentes confrontations de la vie quotidienne en adoptant cette attitude catatoxique, qui les portent à « lutter ou à fuir », est qu'ils n'investissent pas leur énergie pour la bonne cause.

Nous avons tous dans notre organisme un compte d'épargne où se trouve accumulée une somme de stress qui nous sert de force vitale. Le but de ceci est de le dépenser le plus sagement possible et d'en jouir le plus longtemps possible. La différence entre notre compte d'épargne de stress et un compte en banque normal est que nous ne faisons pas beaucoup de dépôts dans le premier à mesure que nous prenons de l'âge. Nous l'utilisons surtout pour faire des retraits. La raison pour laquelle la plupart des gens ne vieillissent pas au même rythme est que la société est remplie de gens qui « dépensent beaucoup » en surréagissant à des circonstances inoffensives, insignifiantes ou faciles à régler, comme si c'était une question de vie ou de mort. Nous le constatons tous les jours sur les autoroutes, dans les aéroports, au cours d'événements sportifs, dans les cours d'écoles, au bureau ou à la maison.

La véritable maturité se trouve dans le fait de savoir quand nous conduire de manière syntoxique et quand réagir de manière catatoxique. Lorsque vous sortez le soir et que vous rencontrez un poivrot, il peut arriver qu'il vous couvre d'insultes. En reconnaissant qu'il s'agit là d'une personne alcoolique relativement inoffensive quoique détestable, vous adopterez une attitude syntoxique et pourrez continuer votre chemin, sans dire un mot. « Il est si à côté de la plaque, vous direz-vous, qu'il ne pourra jamais s'agripper à autre chose qu'au siège d'un bar. » En sachant composer avec cette situation ennuyeuse, vous ne provoquez aucun résultat négatif.

Mais si vous réagissez plutôt par une poussée d'adrénaline, qui augmente le rythme de votre pouls, de votre respiration et de votre flux sanguin, vos processus de digestion seront interrompus sur-le-champ et la couche protectrice de la paroi de votre estomac commencera à se dissoudre, tandis que votre sang se dirigera en vitesse vers les zones de combat. Votre appareil circulatoire se préparera à agir sur les blessures éventuelles en favorisant une coagulation rapide. Tout votre système sera en position d'alerte.

Même si vous n'avez pas à vous battre, vous risquez néanmoins de faire une crise cardiaque qui pourrait vous être fatale. Dans cette éventualité, le stress engendré par la préparation au combat serait la cause de votre décès. Considérez la chose attentivement. Qui est le meurtrier au juste ? Le poivrot ne vous a même pas touché. Ainsi, combien de personnes causent leur propre mort ou leur vieillissement prématuré parce qu'ils ne sont pas conscients des conséquences de leur conduite ?

En n'étant pas sensible à tout ce qui se passe, vous auriez pu également mal comprendre la situation. Disons que vous observez un individu dont le comportement vous semble suspect ou irrationnel et que vous le prenez pour un poivrot inoffensif. En réalité, il s'agit d'un dangereux terroriste ou d'un meurtrier qui brandit un couteau. Dans ce cas, le comportement approprié devrait être d'appuyer sur la sonnette d'alarme et d'activer votre mécanisme de stress en vue de « lutter ou vous enfuir ». Vous êtes confrontés à un danger physique imminent et il vous faut, soit désarmer l'individu, soit quitter la scène au plus vite pour sauver votre peau. C'est la raison pour laquelle il est si important de cultiver des capacités d'observation et de savoir évaluer si vos difficultés se trouvent dans la catégorie des menaces réelles ou dans celle des incidents sans importance.

Environ quatre-vingt-dix pour cent des affrontements quotidiens se font avec des prédateurs imaginaires, semblables à ceux auxquels j'ai dû faire face, au cours de ma première nuit sous la tente lors de mon premier safari. Nous « mijotons alors dans notre propre jus » et nous luttons contre nous-mêmes parce que la réponse appropriée à la plupart des inconvénients de tous les jours consiste ni à se battre ni à s'enfuir. Comme nous n'avons nulle part où nous enfuir et qu'il n'y a personne à frapper, nous nous trouvons pris dans un « piège invisible » qui peut engendrer toute une série de désordres liés au stress.

Il vaut mieux apprendre à nous adapter et à vivre avec certaines situations que de réagir en adoptant une attitude de crainte et de résistance. La tendance à nous alarmer et à afficher une certaine résistance est un style de vie qui provoque différentes formes d'épuisement généralisé. Les individus qui sont contrariés sur le plan émotionnel effectuent prématurément d'énormes ponctions dans leurs réserves d'énergie et voient bientôt leur vie leur échapper.

Panneaux indicateurs pour gérer le stress dans le safari de la vie

- Étudiez-vous pour situer l'endroit où vous vous trouvez exactement sur l'échelle des guépards ou des tortues. Efforcez-vous de ne pas idéaliser l'image des guépards. La vie des tortues est nettement plus longue que celle des guépards et elles se rendent là où elles le désirent plus souvent que les guépards ; même si elles y mettent plus de temps, elles y consacrent également moins d'efforts. Vous n'êtes pas obligés d'être l'un ou l'autre de ces animaux. Il s'agit plutôt de comprendre la nature de vos tendances émotionnelles.
- Si vous êtes du type A (guépard), comprenez les enjeux d'une telle situation. Développez l'habitude de relaxer et d'écouter de la musique douce avant de faire la transition entre la vie à la maison et la vie professionnelle.
- La plupart des réactions émotionnelles sont automatiques. Apprenez à reconnaître quand vous êtes stressés et engagez-vous alors dans des activités physiques intenses telles que le jogging et la marche rapide ou faites des petits sauts sur une mini-trampoline, ce qui vous permettra de rééquilibrer votre système endocrinien.
- Mesurez l'étendue de votre sens de l'humour pour déterminer si vous en faites un usage salutaire. Il s'agit là essentiellement d'une sorte d'entrepôt où stocker les blagues, les anecdotes ; s'il fonctionne comme il le devrait,

cela vous aidera à percevoir certains traits de caractère qui vous font vous comporter occasionnellement de manière ridicule. Le rire est contagieux. Contaminez les autres et vous-mêmes en offrant à tous d'excellentes occasions de rigoler.

- Considérez le changement comme une chose normale. Étudiez-vous régulièrement pour mesurer votre capacité à changer de rythme, à vous montrer flexible, à chercher de nouvelles approches et à vous laisser surprendre. Développez de nouvelles amitiés et partez à la découverte de nouveaux territoires.

- Personne ne gagne vraiment lorsque la discussion devient animée. En revanche, il est possible de nous entendre avec autrui quand c'est là notre désir.

- N'adoptez pas une attitude de type «tout ou rien» dans la vie. Lorsque les choses ne marchent pas comme prévu, il est toujours possible d'en tirer quelque chose de bon. Ne soyez pas comme l'équipe étoile qui perd un match et se dit ensuite que la saison entière est perdue. Ne vous attendez pas à une performance sans failles de la part d'autrui ou de vous-mêmes, ce qui ne serait pas réaliste. Une telle attitude vous amènerait à vous abaisser continuellement face à vos performances, et quoi que vous fassiez, vous ne serez jamais en mesure de rencontrer les attentes d'autrui.

- Apprenez à dire «non» d'une manière qui laisse entendre : «je regrette, j'ai déjà pris un autre engagement». Un des meilleurs moyens pour réduire le niveau de stress est de planifier soigneusement votre temps, de manière à ce que vous soyez capables de tenir vos engagements dans un climat agréable. Le fait d'être sous une tension constante est caractéristique d'un comportement de type A (que j'appelle «le guépard frustré»). Une telle situation augmente les risques d'une maladie coronarienne ou d'autres malaises qui y sont associés. Apprendre à dire «non» à l'avance risque d'être moins douloureux que d'avoir à confesser plus tard : «Je regrette de ne pas pouvoir vraiment remplir cet engagement.» Vous êtes la seule personne responsable de ne pas vous mettre sous un tel joug.

- Rendez votre vie plus simple. Débarrassez-vous de tout ce qui vous encombre et constitue des activités non-productives. Demandez-vous sans cesse, et au moins une fois par semaine : À l'exception des activités

qui sont liées à ma charge quotidienne de travail et de mes responsabilités, en quoi telle ou telle activité contribue-t-elle à la poursuite de
mes objectifs et à enrichir ma vie ?

- La colère est souvent synonyme de danger imminent. À l'exception des
situations de vie ou de mort, ou de celles où quelqu'un se sent menacé
de manière brutale, il ne devrait pas y avoir de place pour la colère dans
votre vie. C'est une émotion qui sied davantage aux enfants gâtés et aux
ignorants qui cultivent les préjugés. Adoptez une technique de relaxation
simple, comme celle de respirer plus lentement et profondément ou de
compter jusqu'à cent, ou quitter les lieux avant que vous ayez le temps
de faire un esclandre qui ne profitera à personne.

- Changez de voie lorsque la voiture derrière vous vous colle au derrière
ou vous suit à faible distance et que ses phares vous éblouissent. Ne vous
amusez jamais à jouer au plus fin avec des étrangers sur l'autoroute,
quelle que soit la situation. Votre voiture n'est pas une arme. C'est un
véhicule de transport qui est fait pour vous conduire, ainsi que les membres de votre famille, à destination en toute sécurité.

**2. Traitez les autres de manière à ce qu'ils s'apprécient, car ils en ont
besoin. Accueillez leur bonne volonté et leur appréciation.**

L'absence de haine et la présence d'amour et d'acceptation inconditionnelle de la part d'autrui semblent engendrer la bonne espèce d'énergie ou
«eustress», comme l'appelle le Dr Selye. Le terme *eustress* ajoute au mot stress
un préfixe grec signifiant *bon*, comme dans les mots *euphorie* et *euphonie*. Plus
notre égocentrisme et notre égoïsme innés seront reconnus comme tels et tenus
en échec, plus nous nous mériterons l'acceptation d'autrui. Plus nous mani-
festerons à l'égard d'autrui une acceptation inconditionnelle, plus nous gagnerons
en sécurité intérieure, ce qui aura pour effet de diminuer sensiblement le stress
négatif que nous avons à subir.

Je vous mets au défi de passer sept à dix jours au campement des Cottar
de style 1920, dans la région de Maasaï-Mara, et d'en revenir avec le sentiment intérieur d'être le nombril du monde. Je suis persuadé que vous aurez
plutôt déposé les masques de vanité et d'égoïsme que vous portez, et que vous
aurez consenti à reconnaître que vous n'êtes qu'un membre du grand
orchestre, qui inclut le peuple maasaï et la horde des animaux sauvages qui

vivent dans cette région. Pour moi, une telle expérience demeure parmi les plus enrichissantes et stimulantes qu'il m'ait été donné de vivre, me procurant de grandes leçons d'humilité ; c'est pourquoi je ne cesse d'y retourner, année après année.

Le Dr Selye aurait beaucoup apprécié notre safari parce qu'il avait compris qu'un des moyens les plus efficaces pour atteindre la réussite dans la vie est de persuader les autres de l'importance d'une aspiration commune et naturelle de bien-être pour tous. Il aurait aimé observer comment les animaux de la savane et le peuple maasaï vivent en synergie et en véritable harmonie en vue de survivre et de prospérer. Le Dr Selye avait repris à son compte le verset biblique suivant : « Aime ton prochain comme toi-même », et l'a intégré à son propre code de conduite, une attitude que je m'efforce d'imiter et de mettre en pratique chaque jour, et avec chaque personne rencontrée sur mon chemin.

Nous mériter l'amour du prochain.

Au lieu de nous efforcer de gagner une fortune ou le pouvoir, nous ferions mieux de développer la vertu de bienveillance en agissant de manière à aider notre prochain, incluant tout être vivant dans chaque recoin de la planète. « Ayez de la bonne volonté en réserve, le Dr Selye avait-il l'habitude de recommander, et votre demeure se transformera en magasin de bonheur. »

Devenir maîtres des choix que nous faisons

Savoir réagir de la bonne manière aux surprises et répondre aux défis qui se présentent à nous au quotidien est d'une importance vitale. Tout aussi important est le besoin de devenir guide de safari au lieu de touriste dans le voyage qu'est notre vie. Nous devons donc assumer l'entière responsabilité de nos actions et de nos choix afin que nous, de même que les personnes de notre entourage, puissions en récolter les fruits. Nos vraies récompenses dans la vie reposent sur la qualité et la variété de nos contributions personnelles. L'Écriture, de même que la science, la psychologie et le monde des affaires soulignent tous la même vérité fondamentale : « Chacun récolte ce qu'il a semé. » « Vous les reconnaîtrez à leurs œuvres.» «Vous en tirez ce que vous y avez investi.» «À toute action, il y a une réaction.» «On en a toujours pour son argent.» «La vie est un véritable boomerang. Ce que nous lançons en l'air revient immanquablement à son point de départ.» La meilleure manière pour nous d'assurer notre autonomie personnelle est de reconnaître le nombre de possibilités que nous avons dans une société libre. J'ai discuté avec des prisonniers de guerre et des otages de retour au pays après leur mésaventure et ils ont reconnu que ce qui leur avait le plus manqué durant leur incarcération était la liberté de choix.

Il y a deux choix fondamentaux à faire dans la vie: accepter les conditions qui se présentent à nous, ou accepter de les changer. Le prix de la réussite inclut le défi de choisir d'abandonner nos mauvaises habitudes et nos fausses suppositions; celui de vivre notre vie d'une manière qui puisse servir d'exemple; d'emprunter de nouvelles avenues qui ne nous sont pas familières et d'y entraîner autrui également; de redoubler d'effort afin d'atteindre nos objectifs et d'être disposés à renoncer à certains plaisirs dans l'immédiat; de prendre nos distances de tout groupe de pairs qui ne contribue pas à notre réussite et, par le fait même, qui cherche à nous empêcher d'y parvenir ou à nous retenir; et, finalement, de nous montrer prêts à affronter les critiques et l'envie des personnes qui préféreraient nous voir demeurer embourbés avec eux.

Mes trente années de recherche en psychologie m'ont permis de conclure que les personnes les plus heureuses et les mieux adaptées dans leur vie présente et dans celle qu'ils se préparent à la retraite sont celles qui estiment qu'elles exercent une maîtrise déterminante sur leur propre vie. Elles choisissent des réponses plus appropriées par rapport à ce qui leur arrive et elles affrontent les changements inévitables et les soucis quotidiens avec moins d'appréhension. Elles apprennent de leurs erreurs passées plutôt que de les renforcer ou de les répéter. Elles investissent leur énergie en vue de l'action dans le présent plutôt que de s'en faire pour ce qui pourrait arriver dans l'avenir.

J'ai déjà souligné que, pour assurer pleinement notre autonomie, nous devons affronter nos peurs en puisant dans notre savoir et dans l'action. Les résultats d'une étude menée à l'Université du Michigan, il y a plusieurs années, m'ont aidé à mieux composer avec la crainte dans ma vie. Cette étude indiquait que soixante pour cent de nos craintes sont totalement injustifiées, vingt pour cent concernent des activités passées et sont complètement hors de notre contrôle, et un autre dix pour cent sont si insignifiantes qu'elles ne valent pas la peine que nous nous en préoccupions. Pour ce qui est du dix pour cent qui reste, seulement quatre ou cinq pour cent constituent des peurs réelles et légitimes. Et même pour ces dernières, il semble que nous soyons incapables d'y faire quoi que ce soit pour la moitié d'entre elles. L'autre moitié, qui représente deux pour cent de nos craintes et qui sont réelles sont de celles que nous pouvons affronter sans difficulté si nous cessons de nous en faire et si nous passons à l'action. Le savoir, et l'action...

Voici une formule qui paraît simpliste à première vue, mais qui donne de merveilleux résultats lorsque nous en faisons l'essai. Il y a trois cent soixante-cinq jours dans une année. De toutes les peurs qui vont nous assaillir durant l'année en cours, seulement deux pour cent sont légitimes et méritent que nous leur accordions notre attention. Pourquoi ne pas les tuer dans l'œuf en partant? Comme seulement deux pour cent des journées de la prochaine année seront consacrées à la peur, cela signifie que nous ne devrions nous inquiéter vraiment que durant sept jours. Et comme nous prenons, pour la plupart, environ trois semaines de vacances par an, loin de nos responsabilités (et de nos craintes), cela nous laisse quarante-neuf semaines pour gérer sept jours de peur.

Mon panneau indicateur en vue de neutraliser la peur

Comme il y a deux pour cent de nos peurs qui méritent que nous nous en préoccupions, je consacre deux pour cent de mon année – environ sept jours en tout – non à m'inquiéter, mais à suivre la chose de près. J'utilise délibérément ces sept jours pour m'en faire au sujet de tout ce qui pourrait mal tourner au cours de la prochaine année et, ensuite, je suis la chose de près afin que mes peurs ne se concrétisent pas. De cette manière, je peux jouir tout à loisir des trois cent cinquante-huit journées qui restent parce que j'ai fait tout en mon pouvoir pour m'assurer qu'ils soient des jours où tout va très bien.

D'habitude, je m'efforce de mettre à part un jour **P** entier pour tuer mes dragons. Durant cette seule journée, chaque sept ou huit semaines, je cherche à déterminer les inquiétudes actuelles ou potentielles qui m'assaillent. Je note mes soucis par écrit et je dresse également une liste de choix à faire et d'actions à poser en vue de régler ou d'affronter ces difficultés éventuelles.

J'utilise également les jours **P** de couleur rouge, que j'ai mis dans mon agenda, de même que dans mon ordinateur de poche, pour me concentrer sur un domaine très important de ma vie. À titre d'exemple, je choisis un jour entier qui est consacré à un *programme de suivi de santé*. Je fixe mon examen médical annuel, qui inclut un électrocardiogramme, un examen complet du système cardio-vasculaire, une analyse de sang, de même que des examens complets de la vue et de l'ouïe. Je m'assure également de prendre rendez-vous chez le dentiste pour un examen et un nettoyage dentaires aux six mois. De plus, durant cette journée, je porte une attention spéciale à mon alimentation et à mes habitudes de consommation, et je revois mon programme d'exercices physiques. Cela veut-il dire que je ne pense jamais à ma santé et à mon bien-être corporel les autres jours? Bien sûr que non! Y a-t-il un seul jour dans votre vie, comme celui des impôts ou des élections par exemple, où ce sur quoi vous vous concentrez vous empêche de planifier des choses à faire dans l'avenir?

Un autre jour **P** de couleur rouge concerne mon besoin de *prendre soin de la famille*. Au lieu de m'en faire en me demandant si je consacre suffisamment d'attention aux besoins de ma famille, je réserve un jour entier pour parler au téléphone ou écrire un courriel à chacun de mes proches, quel que soit l'endroit où ils se trouvent, et je leur demande comment je peux contribuer à améliorer la qualité de leur vie maintenant. Je les écoute tous avec empathie lorsqu'ils me confient certains de leurs soucis et ce qui les préoccupe. Assurément, tous les jours sont consacrés à la famille pour la majorité d'entre nous, mais durant le jour intitulé *prendre soin de la famille*, nous faisons tous un réel effort pour nous montrer ouverts et francs les uns envers les autres. Cela nous permet de nous fixer des objectifs et des priorités qui n'auraient jamais été possibles autrement. Quelques-unes de nos expériences de voyage et autres activités parmi les plus mémorables ont été planifiées au cours de tels échanges entre nous. C'est durant un de ces jours **P** que j'ai pris la décision d'emmener mes deux fils avec moi lors de mon deuxième safari.

D'autres jours **P** très importants sont consacrés aux *priorités* suivantes: les *finances*, les *amis*, l'*avenir*, le *plaisir*, et les *équipements*. Quand vient le jour des *priorités: équipements*, je vérifie la condition générale de ma maison, de mon bureau et de mon yacht. Les patrons de la société qui s'occupe de l'entretien de mes propriétés attendent en général ce jour avec impatience, car ils savent qu'ils vont recevoir de nombreuses commandes à la suite de mon inspection.

Le résultat de ces jours **P**, chaque sept ou huit semaines, est que je réussis à bien faire le suivi des différents domaines de responsabilités qui me reviennent et des besoins qui se présentent. J'accorde à ces jours une attention soutenue et périodique, et je prends des mesures particulières pour en minimiser l'impact. Comme je leur consacre sept jours spéciaux chaque année, cela m'aide à conserver mon état d'esprit habituel, que mes amis décrivent comme étant accommodant, modéré de caractère et détendu. Et comme je fais, sept ou huit fois l'an, le suivi attentif de toute crainte qui pourrait devenir réalité, je constate qu'il y a bien peu de sujets qui me préoccupent vraiment, à l'exception, bien sûr, de ces machins pesant plus de deux cents kilos avec une énorme crinière ébouriffée et de longues dents pointues, qui se faufilent dans l'herbe haute de la savane et se mettent à rugir le soir, à deux pas de ma tente. Peut-être ai-je besoin de rajouter une autre page **P** à mon agenda. Un jour pour les *parties de plaisir* que je m'offre en passant des jours entiers en excursion avec Calvin Cottar dans la brousse de Mara, à apprendre des tas de choses sur le comportement des lions et des léopards et aussi comment m'en sortir si jamais je tombais par inadvertance sur un de ces gros chats sans avoir un guide expérimenté à mes côtés.

Nous ne sommes pas seulement les victimes consentantes de nos propres peurs, nous sommes également les victimes de nos mauvaises habitudes et de notre tendance à nous conformer aux règles du groupe. Dans un sens bien réel, chacun de nous devient l'otage de milliers de restrictions que nous nous imposons nous-mêmes. Lorsque nous étions enfants, nous avons appris soit à nous conformer, soit à manifester notre récalcitrance devant les « uniformes » de comportement qui nous ont été transmis ou imposés par nos parents. Une fois adolescents, puis jeunes adultes, certains d'entre nous ont ressenti le besoin pressant de se conformer aux normes établies par leur groupe de pairs. Alors que nous étions persuadés, ce faisant, que nous étions « différents », nous nous trouvions en réalité embrigadés comme si nous nous étions enrôlés dans l'armée et qu'il nous fallait marcher au pas, et porter l'uniforme.

Pour devenir des adultes autonomes, il va de soi de nous fixer certains repères :

- *Être différents si cela veut dire établir pour nous-mêmes des critères personnels et professionnels plus élevés.*
- *Être différents si cela veut dire traiter les animaux comme des personnes et les gens comme des frères et des sœurs.*
- *Être différents si cela veut dire nous montrer plus propres, plus soignés, avoir meilleure apparence que le reste du groupe.*
- *Être différents si cela veut dire mettre davantage d'efforts à servir autrui au lieu de nous attendre à recevoir en retour.*
- *Être différents si cela veut dire prendre des risques calculés.*
- *Être différents si cela signifie prendre le temps d'observer, d'écouter et de comprendre avant de porter un jugement.*

Qui a le contrôle ?

Mes voyages fréquents aux quatre coins du monde me donnent l'occasion de voir un nombre grandissant de parents qui capitulent devant les enfants-rois qui dirigent la famille. À bord des avions et dans les endroits publics, on dirait que les parents sont continuellement en train d'acheter la paix avec leur progéniture en se servant de friandises pour les garder tranquilles. C'est comme si, dans notre monde évolué, les enfants s'attribuaient le privilège de faire le procès de leurs parents en insistant sur les droits qu'ils ont, sans jamais se préoccuper de leurs responsabilités. Lorsque j'ai dit à John, notre guide maasaï, que j'étais impressionné par les enfants et les tout-petits du village maasaï que nous avons visité, parce qu'ils ne semblaient ni se plaindre ni rechigner beaucoup, il m'a demandé pourquoi une telle réalité me paraissait inhabituelle. Lorsqu'il nous a rendu visite en Californie, il était intrigué par le fait qu'il y avait autant de bambins tapageurs que d'enfants qui semblaient s'amuser. Je lui ai dit alors que dans certains foyers américains où l'enfant est roi, la tendance est de gâter les jeunes et de chercher à leur offrir tout ce qu'ils désirent pour compenser le manque de temps de qualité passé avec eux. Il a répondu qu'il lui semblait que plus on en fait pour les enfants, moins ils sont désireux et capables de prendre soin d'eux-mêmes par la suite. L'enfant dépendant d'aujourd'hui est prédestiné à devenir le parent dépendant de demain, qui aura tendance à se percevoir comme une victime du système.

J'ai dit à John que j'aimerais voir ériger une statue de la Responsabilité sur l'île d'Alcatraz, dans le port de San Francisco, pour faire équilibre avec la statue de la Liberté, à New York. Il y a un moment déjà que je pense au texte à mettre sur la légende du monument, et que je partage mes sentiments à ce sujet dans mes exposés si jamais ce monument était construit. Voici ce texte :

«Lorsque vous commencez à tenir les bonnes choses pour acquises, c'est le temps de les mériter de nouveau. Chacun des droits que vous estimez avoir, entraîne une responsabilité à assumer. À chaque espérance correspond un défi à relever. Et chaque privilège que vous voulez garder implique un sacrifice personnel à faire. La liberté impose toujours un prix en termes de responsabilité individuelle et une juste récompense par rapport aux choix que vous aurez faits.»

Si jamais la statue est érigée, j'espère que ce sera parce que nous voulions ne jamais oublier la valeur de la liberté, et les responsabilités qu'elle entraîne, avant qu'il ne soit trop tard. Il serait bien dommage que le monument soit élevé pour nous remémorer, après que nous serons tombés de notre piédestal en tant que grande nation, les grands principes transmis par nos ancêtres et que nous avions oubliés. John m'a dit qu'il espérait également que l'Afrique se rappelle, avant qu'il ne soit trop tard, ses obligations à l'égard des ancêtres, autant pour le monde animal que pour l'héritage tribal.

Mes enfants m'ont demandé de m'animer un peu sur mon siège dans la Land Rover, tandis que John nous conduisait vers une autre bande de lions. Alors j'ai raconté à John l'histoire véritable d'un jeune couple qui m'avait invité chez lui pour un repas. Cet homme et cette femme, doués d'une intelligence supérieure, et ayant fait des études poussées, avaient opté pour un type de foyer axé sur l'enfant dans l'espoir que leur fils de cinq ans, prénommé Bradford (je parle maintenant de lui comme étant *Bras-de-fer la petite peste*), ait tout ce qu'il lui faut pour atteindre la réussite dans un monde compétitif comme le nôtre.

Lorsque je suis arrivé dans le stationnement devant leur maison luxueuse de deux étages de style victorien, j'ai mis le pied par inadvertance sur le jouet Spiderman du garçon en descendant de voiture. L'enfant m'a alors lancé : «Hé ! Regarde où tu mets les pieds sinon tu vas devoir m'acheter un jouet tout neuf !» Dès que je suis entré dans la maison, j'ai découvert que celle-ci appartenait en réalité à Bradford et non à ses parents. Les meubles, apparemment, avaient été à l'origine des objets de qualité. J'ai cru reconnaître un sofa provenant de chez Ethan Allan, qui avait subi des assauts comparables à ceux de la bataille finale sur la Terre du Milieu, dans le *Seigneur des Anneaux*. Nous avons tenté de prendre un verre de vin dans la salle de séjour, mais Bradford y était très occupé à démolir sa nouvelle console de jeu GameBoy. Nous avons essayé de nous asseoir quelque part, mais c'était comme sautiller sur un pied à travers un champ de mines avec les yeux bandés.

Bradford a exigé de manger en premier et de s'asseoir avec nous, tandis que nous finissions notre apéritif, pour ne pas souffrir de solitude. J'ai presque renversé mon verre de merlot sur mon pantalon tellement j'étais surpris lorsqu'ils ont apporté une chaise haute dont le design ressemblait à celui d'un siège d'avion éjectable sur quatre pattes avec des courroies. (J'espérais secrètement qu'il y ait une fusée sous le siège avec un délai d'allumage de deux secondes.) Le garçon était âgé de cinq ans, et on devait l'immobiliser avec des courroies dans une chaise-haute pour qu'il termine un seul repas !

Lorsque nous avons entamé la salade, dans la salle à manger attenante en forme d'alcôve, le jeune Bradford a renversé son dîner sur le tapis et a commencé à verser son lait dessus pour que les pois et les carottes puissent bien s'imprégner dans les fibres du tapis. Sa mère l'a supplié: «Brad, mon chou, ne fais pas ça. Maman veut que tu deviennes un garçon fort et en santé, comme ton papa. Je vais aller chercher d'autre nourriture pendant que papa nettoie le gâchis.»

Tandis que ses parents étaient occupés par leurs tâches respectives, Bradford a détaché sa ceinture de sécurité, est descendu de sa chaise, et est venu me rejoindre dans la salle à manger, en se servant dans mes olives. «Je crois que tu devrais attendre ton dîner», lui ai-je dit poliment, en retirant sa main de ma salade. Il a alors tenté de me donner un coup de pied sur le genou, mais grâce à mes bons vieux réflexes d'ex-pilote d'avion à réaction, j'ai rapidement croisé la jambe et il a raté son objectif. Il a alors perdu pied et s'est retrouvé sur le derrière. On aurait dit qu'il était chez le dentiste en train de se faire forer une dent à froid. Il s'est mis à hurler et a couru vers sa maman en sanglotant: «Il m'a frappé !» Lorsque ses parents m'ont demandé ce qui s'était produit, je leur ai calmement répondu que le garçon était tombé accidentellement et j'ai rajouté: «Qui plus est, je ne frapperais jamais le maître de la maison !»

(En m'écoutant raconter cette histoire, John, qui n'en croyait pas ses oreilles, riait tellement qu'il a failli foncer dans un troupeau de gnous.) J'ai terminé cette anecdote en ajoutant que je savais que c'était pour moi l'heure de partir quand ils ont envoyé Bradford se coucher en mettant un biscuit sur chaque marche pour le motiver à gravir l'escalier. Il a engouffré tous les biscuits avant d'aller au lit. «Comment allez-vous vous y prendre pour le persuader d'aller à l'école», ai-je alors demandé en toute simplicité à ses parents. «Oh ! Nous trouverons bien quelque chose», ont-ils répondu en rigolant. «Je comprend, mais que se passera-t-il si un chien du voisinage avale ce que vous avez mis pour lui dehors ? Il risque de se voir incapable de retrouver son chemin, comme Hansel et Gretel !» Ils ne m'ont pas offert de dessert et j'ai demandé pardon à Dieu de ne pas être demeuré silencieux, tandis que je conduisais ma voiture vers l'aéroport. Une fois de retour au campement, j'ai rédigé le présent chapitre, qui parle de la vie comme étant tout autant dirigée par nos choix personnels que par les lois du hasard, et peut-être même davantage.

Bien que beaucoup de choses dans l'existence demeurent hors de notre contrôle, nous conservons néanmoins une réelle emprise sur les circonstances et sur les conditions auxquelles nous devons faire face – plus encore que la plupart d'entre nous se montrent prêts à le reconnaître. Pour être en mesure de faire une différence et devenir guide de safari au lieu de simple touriste, voici une douzaine de panneaux indicateurs importants :

1. **L'usage que vous faites de vos heures de loisirs et de vos soirées demeure en votre pouvoir.**

Au lieu de passer votre temps à regarder d'autres personnes faire de l'argent dans des professions qu'elles adorent, durant les heures de grande écoute, fermez la télé et commencez à vivre vraiment. Adonnez-vous à la lecture, passez du temps à faire des choses en famille, sortez au restaurant et mangez des mets exotiques, assistez à des spectacles d'avant-garde. Arrachez-vous du sofa de la salle de séjour et allez découvrir les grands espaces.

2. **Le choix de déterminer combien d'énergie et d'efforts vous consacrerez à la réalisation d'une tâche quelconque demeure en votre pouvoir.**

Établissez un ordre de priorités dans vos différents projets en cours. Cherchez l'équilibre dans la répartition de vos objectifs personnels et professionnels. Terminez ce que vous avez commencé. Découvrez à quel moment de la journée vos réserves d'énergie sont les plus élevées. Attaquez-vous aux tâches les plus importantes durant cette période de pointe.

3. **Le choix de diriger vos pensées et votre imagination et de les canaliser vers des buts particuliers demeure en votre pouvoir.**

Limitez le temps d'écoute du journal télévisé aux événements qui concernent directement votre vie personnelle et professionnelle. Évitez les émissions ou les films violents. Adonnez-vous à la lecture de biographies de gens qui ont relevé d'énormes défis pour atteindre la réussite.

4. **Le choix d'adopter une bonne ou une mauvaise attitude demeure en votre pouvoir**

Fréquentez des optimistes sur une base régulière et recherchez la compagnie de gens de cette trempe.

5. **Le choix de parler ou de vous taire demeure en votre pouvoir.**

Vous pouvez choisir de demeurer silencieux ou de parler. Si vous choisissez la deuxième option, montrez-vous prudent par rapport aux mots que vous utilisez, à votre langage corporel et au ton de votre voix. Lorsque vous faites la connaissance d'une nouvelle personne, soyez de ceux qui manifestent de l'intérêt en posant plusieurs questions et ne cherchez pas à impressionner votre interlocuteur en faisant l'étalage de vos exploits. Moins vous chercherez à impressionner les autres, et plus ils le seront. Dites-vous constamment : «Je veux que cette personne soit heureuse d'avoir conversé avec moi», en souhaitant que celle-ci pense en retour : «Quand je suis en sa compagnie, c'est le moment où je m'apprécie le plus.»

6. **Le choix des modèles dont vous vous inspirez demeure en votre pouvoir.**

Un véritable modèle inspirant devrait être le contraire d'une célébrité parce que c'est quelqu'un que vous devriez connaître personnellement et intimement – de préférence quelqu'un dont l'arrière-plan ou la carrière ressemblent aux vôtres ; quelqu'un qui est passé par le chemin sur lequel vous vous trouvez actuellement. Cela ne veut pas dire que certains auteurs, professeurs ou leaders ne devraient pas vous servir de modèles ou de mentors. On peut apprendre tant de choses à fréquenter quelqu'un dont la pensée est résumée dans un livre, sur cassette audio ou vidéo, ou accessible d'une manière ou d'une autre par ordinateur. Si vous tombez sur un auteur ou un conférencier qui *vous* parle, ne vous contentez pas de l'admirer ; apprenez à l'imiter en étudiant ses écrits et sa vie. Toutefois, il n'est pas toujours possible à un tel mentor de répondre à certains de nos besoins ; c'est pourquoi il vaut mieux choisir quelqu'un avec qui vous pouvez passer du temps en privé (ou au téléphone ou par internet) pour être en mesure de partager vos expériences et d'explorer de nouvelles idées au cours d'un échange plus personnel.

Choisissez le genre de modèle ou de mentor qui, non seulement a atteint la réussite matérielle, mais dont la vie, incluant la conduite personnelle, mérite vos efforts d'émulation. La réussite dans le domaine professionnel est rarement dissociée du caractère d'une personne ; telle facette de la vie d'un individu affecte invariablement tous les domaines de sa vie.

Si vous êtes jeune et particulièrement inexpérimenté, votre meilleur choix sera de trouver quelqu'un qui fait partie des entrepreneurs plus matures et avisés. Lorsque la fougue de la jeunesse est jumelée à la riche expérience de la maturité, cela peut parfois donner de surprenants résultats. Les novices ont tendance à se montrer plus enthousiastes et enflammés de nature, mais ils manquent souvent de patience et ont rarement le flair de savoir attendre le bon moment pour agir. Mais ils sont également portés à se montrer plus innovateurs et moins fixés dans leur approche. Ils profiteront grandement des trésors d'expérience pratique des vétérans, et ces derniers peuvent tirer grand profit de l'ouverture d'esprit de collaborateurs plus jeunes avec des idées nouvelles parce que leur enthousiasme n'a pas encore été atténué par la frustration et la défaite.

7.   Le choix des engagements que vous prenez et des promesses que vous faites aux autres ou à vous-mêmes demeure en votre pouvoir.

Ne prenez pas trop d'engagements ; de cette manière, vous n'aurez pas à vous excuser lorsque vous ne serez pas en mesure de rencontrer vos échéances. Pour chaque engagement pris, fixez-vous des objectifs précis et des priorités qui soient réalistes, à votre portée et faciles à réajuster en cours de processus lorsqu'ils se révèlent impossibles à rencontrer.

8.   Le choix des causes dans lesquelles vous voulez investir votre temps et votre cœur demeure en votre pouvoir.

Consacrez votre énergie à des entreprises positives, dont les enjeux visent le mieux-être de la société en général. Au lieu de protester, apprenez à produire des résultats positifs et à devenir un protecteur d'autrui.

9. **Le choix des associations et des groupements auxquels vous apparte-nez demeure en votre pouvoir.**

Rassemblez-vous avec des gens qui partagent des objectifs similaires aux vôtres et avec ceux qui font face aux mêmes défis, et les relèvent, en cherchant à acquérir la connaissance, à conserver une bonne attitude, à développer leur plein potentiel et de saines habitudes.

10. **Vous n'avez aucun contrôle sur les circonstances qui se présentent et les possibilités qui vous sont offertes, mais la manière dont vous composez avec ce défi quotidien demeure en votre pouvoir.**

11. **Le choix de vous faire ou non du souci et de vous inquiéter demeure en votre pouvoir.**

Nous avons déjà abordé la question de comment mieux composer avec le stress et la crainte. Adoptez une méthode de relaxation et d'exercices qui vous permette de libérer la tension intérieure. Un endroit tranquille, un jardin, le bord de la mer ou une musique douce peuvent avoir un effet salutaire sur l'âme. Tout aussi bénéfiques sont les moments passés en pleine nature parmi les animaux sauvages, ou avec un animal de compagnie. On trouve parfois beaucoup de réconfort dans le fidèle attachement plein d'innocence d'un chien, ou dans le caractère indépendant et pourtant empreint de curiosité câline d'un chat.

12. **Votre manière de réagir durant les jours difficiles et devant les person-nes désagréables demeure en votre pouvoir.**

Un des meilleurs moyens de surmonter la dépression est de vous engager dans des activités qui répondent aux besoins d'autrui. Lorsque je suis abattu, je visite le département des grands brûlés à l'hôpital pour enfants, ou une maison d'hébergement pour personnes âgées, ou un orphelinat; ou je m'engage comme bénévole dans un projet visant à aider les jeunes d'une manière ou d'une autre. Lorsque j'ai à composer avec des personnes désagréables, je passe le moins de temps possible en leur compagnie et je m'efforce également de déterminer si elles sont ainsi à cause d'un revers temporaire, ou si c'est un trait de leur personnalité.

Si ce sont des personnes qui se plaisent à se montrer « difficiles », je relaxe et accepte le fait qu'elles ne vont sans doute jamais changer, quoi que je dise ou que je fasse; j'essaie de demeurer courtois et d'humeur égale, et je m'efforce de contrer leur négativisme en faisant preuve d'une certaine jovialité tranquille, laquelle, je le reconnais, constitue une sorte de technique d'acteur. En étudiant la vie de comédiens tels que Meryl Streep et Dustin Hoffman, j'ai découvert que les rôles qu'ils interprètent exercent une réelle influence sur les processus biologiques qui sont à l'œuvre dans leur organisme.

Chantons-nous parce que nous sommes heureux ou est-ce le fait de chanter qui nous rend heureux? Les deux réalités sont également vraies. Le bonheur se traduit souvent par le goût de chanter; de même, les paroles et les airs que nous choisissons d'interpréter chaque jour entraînent la production d'endorphines, qui nous procurent un sentiment d'exaltation naturel, semblable à celui engendré par l'activité physique.

La pratique entraîne des résultats permanents

Plus tôt au cours de cette journée d'excursion, nous avons passé plus de deux heures à observer les lions femelles de la bande en train d'apprendre aux petits comment traquer, piéger et surprendre une proie. Bien que beaucoup des habiletés dont font preuve les animaux sauvages de Maasaï-Mara soient le fruit de leur instinct de survie – comme par exemple la capacité qu'ont les bébés gnous de se mettre à courir avec le reste du troupeau six à huit minutes après leur naissance –, la majorité des compétences que les lions démontrent à la chasse ont été acquises par observation, imitation et répétition.

Même s'ils étaient des prédateurs en formation, ces lionceaux nous paraissaient aussi attachants que des chatons qui s'amusent avec une balle de laine, ou qu'une portée de chiots *golden retriever* dans la vitrine d'une boutique d'animaux, en train de jouer avec un os en caoutchouc. Ils sautaient les uns sur les autres, en roulant sur les monticules de termites, et couraient au milieu des buissons en se chamaillant, histoire de développer leurs muscles et leur agilité. Il était évident, par ailleurs, qu'en cette fin d'après-midi, le thème de la leçon touchait la manière de traquer un gnou. John nous a fait remarquer qu'un mâle gnou adulte s'était éloigné de ses congénères sans s'en rendre compte et qu'il broutait tranquillement l'herbe du lit d'une rivière asséchée, juste au-dessous du repaire des lions.

Les lionnes aînées ont bientôt rassemblé les lionceaux, qui ont suivi la troupe de chasseresses à distance de manière à éviter de capter l'attention du gnou et de nuire à l'opération. Tandis que les lionnes rampaient à travers les herbes hautes de la savane au-dessus de la bête inconsciente du danger, les lionceaux essayaient tant bien que mal de les imiter. Tout comme s'ils étaient assis en classe devant un professeur réclamant le silence et leur attention complète durant la lecture, le regard des petits se fixait tour à tour sur les dames-chasseresses, puis sur la proie. Les lionnes ont rapidement neutralisé puis étouffé l'animal, sans l'abîmer, et une fois la bête morte, elles n'ont pas commencé à la manger immédiatement. Elles ont plutôt invité les lionceaux à venir les retrouver, puis elles se sont placées à l'ombre d'un arbre pour observer le comportement de leur progéniture devant l'animal mort. Les bébés lions ont fait comme si le gnou était toujours vivant et ont simulé une attaque-surprise en sautant sur l'arrière-train de l'animal et sur son cou, imitant parfaitement le comportement de leurs mamans et de leurs tantes.

Après environ une demi-heure consacrée à ce jeu, les lionceaux se sont lassés et ont commencé à exprimer leur frustration parce que la peau trop épaisse du gnou résistait à l'assaut de leurs griffes ou de leurs dents. Pour communiquer leur déplaisir aux femelles âgées, les lionceaux allaient vers la proie et revenaient vers elles, cherchant à montrer à ces nounous qu'ils étaient affamés et qu'ils souhaitaient qu'on leur prépare le repas du soir. Les lionnes se laissèrent finalement persuader, et tout le monde s'est alors mis à table.

L'homme, il va sans dire, est le prédateur par excellence. Il est doué de raison mais n'arrive pas à réfléchir de manière à changer son comportement souvent irrationnel et aberrant. Aussi préoccupé que le lion de maintenir le contrôle absolu sur son territoire par tous les moyens que lui dictent son instinct rusé et son intelligence, l'homme possède néanmoins un trait de caractère terrifiant que l'on ne voit pas souvent chez les autres espèces animales : la tendance à se venger sans réfléchir et le goût de la violence pour le simple plaisir émotionnel de la chose. Même si notre cerveau reçoit des milliers de signaux positifs chaque jour, il y a quelque chose d'inhérent à notre nature humaine qui nous pousse à accorder davantage d'intérêt et d'attention aux signaux négatifs. Et ces signaux négatifs non seulement abondent, mais nous sont parfois *imposés*, et pas toujours par le monde sous-jacent.

Si vous n'êtes pas encore au clair quant à l'influence déterminante des médias du commerce sur votre vie, voici à quelles conclusions est parvenue une équipe de recherche sur les enfants, après une série d'études sérieuses : « Si les géants du commerce de Madison Avenue sont persuadés qu'il est possible d'influencer un enfant regardant la télé, le samedi matin, pour qu'il préfère telle marque de céréales à telle autre, pourquoi demeurons-nous si indulgents devant les messages anti-sociaux qui le bombardent au quotidien ? Voici des statistiques alarmantes : une fois l'école secondaire terminée, chaque étudiant américain aura assisté en moyenne à plus de 18 000 meurtres au cours des 22 000 heures qu'il aura consacrées à regarder la télé – ce qui représente le double du temps qu'il aura passé en classe jusque-là. La violence à la télé est de plus en plus répandue, et la chose mérite que nous en soyons consternés. Les émissions de télévision, quelles qu'elles soient, mettent de plus en plus l'accent sur ce qui stimule les sens.

Ne vous laissez pas berner par le discours des cadres des grands réseaux de télé ou de l'industrie cinématographique. Ils sont, en réalité, moins préoccupés de leurs droits par rapport au premier amendement de la Constitution américaine qu'ils ne le sont de leur porte-monnaie. Ils savent bien que la violence et tout ce qui bouleverse le spectateur fait vendre. Les arguments qu'ils présentent pour leur défense ressemblent à ceux de vendeurs de drogue : « Nous ne faisons qu'offrir ce que la clientèle réclame ». Une équipe de chercheurs, mandatée par l'American Psychological Association (Association américaine de psychologie) pour mesurer l'influence de la télévision sur la société en général, a trouvé que le comportement des personnages vus à la télé a le même effet sur les attitudes et la conceptualisation des téléspectateurs, que ces personnages soient réels ou fictifs. Je suis persuadé que la violence et la pornographie secondaires sont tout aussi dommageables que ne l'est la fumée secondaire. Dès que vous y êtes exposés, vous ne pouvez faire autrement que d'en être affectés.

La capacité d'observer, d'imiter, de répéter et d'assimiler une chose constitue une habitude de vie.

Toutefois, la bonne nouvelle est qu'il est vraiment possible de changer de style de vie en changeant tout simplement ses habitudes. Voici une série de panneaux indicateurs sur le thème du changement :

Règle n° 1 : Personne n'a le pouvoir de vous changer et vous n'avez le pouvoir de changer personne. Il vous faut d'abord reconnaître votre propre besoin de changer, arrêter de faire du déni quant au fait que vous avez tel ou tel problème et assumer la responsabilité d'apporter les changements qui s'imposent.

Règle n° 2 : Les habitudes ne se brisent pas vraiment, elles sont simplement remplacées – en adoptant de nouvelles normes de conduite, qui supplantent les précédentes. Une telle démarche exige une période de transition de un ou deux ans. Oubliez les méthodes miracles de trente jours. Je ne sais pas où les conférenciers sur la motivation sont allés chercher l'idée qu'il ne faut que vingt et un jours pour acquérir une nouvelle habitude. Il se peut que la maîtrise de nouvelles aptitudes nécessite une telle période d'apprentissage, mais après autant d'années à n'être que vous-mêmes, il vous faudra mettre plus d'un mois pour acquérir de nouvelles habitudes de vie et les assimiler pour de bon. Les habitudes sont comme des lits confortables : il est facile de s'y étendre mais pas évident de s'y extraire après coup. C'est pourquoi il ne faut pas vous attendre à des résultats fulgurants. Prenez le temps qu'il faut (au moins une année) pour développer de nouvelles habiletés et persévérez, en vous rappelant que vos nouvelles dispositions vous seront acquises pour la vie.

Règle n° 3 : La poursuite quotidienne d'une discipline personnelle se transformera bientôt en seconde nature – un peu comme dans l'apprentissage du vélo. Les comportements négatifs mènent au style de vie d'un perdant et les comportements positifs, à celui d'un gagnant. Et c'est la mise en pratique qui en assure la concrétisation durable, dans un cas comme l'autre.

La leçon est d'une telle évidence qu'elle passe presque toujours inaperçue. Si vous arrivez à relever le défi avec succès durant l'exercice, vous le relèverez aussi dans la vie courante. Si vous répétez constamment vos erreurs sans les corriger sur le tertre de pratique, vous demeurerez un golfeur médiocre sur le terrain. En corrigeant votre style pour apprendre à faire un usage maximum de chacun des bâtons de golf, sous la supervision d'un joueur professionnel, vous atteindrez peut-être le calibre des rondes prestigieuses.

Alors que je servais en tant que coordonnateur de réhabilitation auprès des pilotes de l'air et de la marine américaine qui avaient été faits prisonniers de guerre et qui étaient de retour au pays après le Vietnam, j'ai eu l'occasion d'être le témoin de certains des exploits les plus remarquables jamais vus en ce qui concerne les capacités de l'intellect. Dans mes expériences d'ancien pilote de la marine et de formateur-enseignant pour les astronautes du programme spatial Apollo, je connaissais déjà l'importance de la pensée sur la pratique.

Vous avez sans doute entendu parler ou lu au sujet des habitudes et modes de comportement qu'ont adoptés ces prisonniers pour arriver à surmonter trois à sept années de privation et d'ennui. Dans la société actuelle, nous n'arrivons même pas à comprendre le niveau de stress auquel sont exposés les prisonniers de guerre en Iraq, au cours d'une seule semaine de détention. Comment réagiriez-vous si vous étiez mis à l'écart pour des années, sans espoir d'en sortir bientôt ? Dormir la plupart du temps ? Lire ? Sombrer dans une profonde dépression ? Vous apitoyer sur votre sort ? Vous laisser emporter par l'amertume à l'égard de ceux qui sont à la maison ? Perdre la boule ? Ou changer cette vie dans un camp de prisonniers en une expérience de transformation intérieure, comme ce fut le cas pour plusieurs qui sont passés par là ? Nombreux sont ceux alors qui se sont fabriqué une guitare avec des bouts de bois et de ficelle. Bien que l'instrument rudimentaire n'émettait aucun son distinct, ceux qui savaient en jouer pouvaient pratiquer de mémoire en entendant les sons dans leur imagination. Ils se sont enseigné les uns aux autres les accords, la tablature et les paroles de plusieurs chansons. Certains prisonniers, qui n'avaient même jamais touché à l'instrument, sont devenus par la suite de véritables virtuoses. Sept ans constitue une longue période d'apprentissage et de pratique !

D'autres prisonniers de guerre au *Hilton de Hanoi* ont reproduit le clavier grandeur nature d'un piano sur du carton ou un morceau de bois. Et bien que ce « Steinway » de fortune n'émettait aucun son, l'instrument virtuel leur a permis de pratiquer tous les jours des pièces du répertoire classique telles que «Clair de lune», ou encore de maîtriser des mélodies ou des chansons parmi leurs préférées. Il n'y avait aucune Bible disponible au *Hilton de Hanoi*, c'est pourquoi les prisonniers ont mis en commun les ressources de leur mémoire respective, afin de reconstituer des centaines de passages bibliques parmi les plus significatifs, dont ils ont pu se servir, les dimanches, durant les cultes d'adoration et les services religieux. Ces hommes communiquaient entre eux en frappant sur les tuyaux de leur cellule en utilisant un type spécial de langage codé. Ils se sont ainsi enseigné les uns les autres des moyens de développer leur mémoire ; ils ont partagé des expériences de jeunesse qui avaient beaucoup de signification pour eux, et ils se sont fabriqué des sections entières de journal stockées quelque part dans leur mémoire, alors qu'ils se trouvaient en cellule d'isolement ; ils ont imaginé des centaines de moyens de faire de l'argent et – sans doute, ce qui est le plus important – ils ont grandi intérieurement parce que la situation les avait forcés à se rappeler et à chérir les grands idéaux qui avaient contribué à la fondation de leur pays et à sa grandeur.

J'ai la certitude que le colonel F. Spencer Chapman, auteur de l'ouvrage *The Jungle is Neutral (La jungle est un terrain neutre)* dans lequel il relate ses propres expériences de survie derrière les lignes ennemies dans la jungle de Malaisie, près de trente ans avant la Seconde Guerre mondiale, se serait senti sur la même longueur d'ondes que ces héroïques prisonniers de la guerre du Vietnam. Une des histoires vraies que je raconte depuis plus de vingt ans lors de mes exposés et séminaires concerne la vie du colonel de l'armée de l'air américaine, George Hall.

Alors qu'il se trouvait en cellule d'isolement, cet homme a joué une ronde imaginaire de golf chaque jour de ses cinq années et demie d'emprisonnement dans le nord du Vietnam. Il avait compris que nous avons deux choix dans la vie : ou bien nous remémorer des souvenirs qui nous hantent et nous font peur, ce qui entraîne des réactions nerveuses caractérisées par la maladie, la solitude, la peur, le désespoir et la mort ; ou bien nous remémorer des expériences de réussite passées et des «visions» à venir de «performances dignes d'un oscar».

Vêtu de son pyjama noir et pieds nus dans le cube d'isolement où il se trouvait confiné, le colonel Hall a joué sa ronde de golf imaginaire chaque jour, durant ces cinq années et demie d'emprisonnement. Il a déposé chaque balle de golf *Titleist I* sur le tertre de départ entre les deux bornes de couleur bleue. Il a frappé ses *drives* et a regardé la balle flotter dans l'air un moment, puis atterrir au beau milieu du somptueux fairway verdoyant ; parfois, c'était celui du club où il avait l'habitude de jouer, dans son patelin du Mississippi ; d'autres fois, c'était plutôt celui de Pebble Beach, ou celui d'Augusta National. Dans son imagination, il a rejoué, durant ces cinq longues années et demie, chacune de bonnes parties de golf qu'il se rappelait avoir jouées.

Il a replacé chaque motte de terre ; il a passé le râteau dans chaque trappe de sable après avoir frappé sa balle ; il a effectué chacun des coups d'approche sur le vert ; il a marqué chacune de ses balles une fois rendu sur le vert ; il a ensuite retiré chaque drapeau du trou ; puis il a posé le genou sur le sol pour évaluer s'il lui fallait orienter son coup roulé en direction de la mer ou de la colline ; ensuite il a remis son fer droit dans son sac pour marcher vers le prochain tertre de départ et y laver sa balle dans le lavoir automatique, simplement en imaginant la chose comme si elle était bien réelle.

Ces stimulations mentales lui ont rapporté gros lorsqu'il fut de retour sur un vrai terrain de golf. Après sept années passées sans pouvoir jouer une seule partie, et après cinq ans et demi d'emprisonnement où il se trouvait confiné en solitaire, il a repris la forme seulement un mois après avoir été relâché. Le colonel Hall a participé au *New Orleans Open*, faisant la paire avec le joueur professionnel de longue date, Orville Moody. Il a obtenu un résultat de 76 ! Il a joué exactement selon son handicap de quatre coups. Les journalistes se sont approchés de lui après sa ronde, en disant : « Wow ! Toutes nos félicitations, colonel Hall ! C'est vraiment ce qu'on pourrait appeler la chance des débutants pour ceux qui effectuent un retour au jeu, ne trouvez-vous pas ? » George Hall a alors souri et il a répondu : « Pas vraiment, vous savez. Je n'ai jamais réussi à atteindre le vert en trois coups durant les cinq dernières années et demie. »

Nous atteignons le sommet en nous exerçant intérieurement, lorsqu'il n'est pas possible de faire autrement. Ce qui compte, c'est de nous voir en train de jouer, intérieurement, lorsqu'il n'y pas d'autres possibilités. Il nous faut alors nous rappeler les expériences positives du passé, les revivre et ensuite nous concentrer sur elles plutôt que sur nos échecs. C'est en nous engageant pleinement ainsi dans une expérience synthétique que nous nous forgeons un avenir, tout comme font les astronautes lorsqu'ils assimilent un tas de données et de comptes rendus théoriques fournis par les gagnants qui ont voyagé dans l'espace avant eux. Et c'est en la mettant ensuite en pratique comme si nous y avions été nous-mêmes.

En apprenant des personnes-ressources, entraîneurs, mentors et experts de notre entourage, nous pourrons évoluer plus facilement du statut de touriste à celui de guide dans le safari sauvage qu'est la vie. En mettant en pratique ce qui est bien, au lieu de ce qui est mal, nous parviendrons à remplacer nos mauvaises habitudes par d'autres qui nous rapporteront vraiment sur le plan personnel.

L'imagination, jointe à l'émulation assure la réalisation.

Règle nº 4 : **Une fois que nous avons renoncé à une mauvaise habitude, il est préférable de nous éloigner de l'ancien milieu où celle-ci était cultivée, car un tel environnement nous est funeste.**

La plupart des criminels se retrouvent en prison de nouveau parce qu'ils retournent dans leur ancien quartier et se joignent à la même bande de copains qui les avaient conduits là, avant qu'ils ne soient libérés sur parole.

Les gens qui suivent une diète pour perdre du poids retombent dans leurs vieilles habitudes alimentaires bien souvent parce que les nouvelles n'ont pas eu le temps d'être assimilées suffisamment pour être plus fortes que les tentations. C'est pourquoi ces personnes devraient éviter les soupers-buffets.

Si nous voulons demeurer optimistes et atteindre le succès, nous ferions bien d'éviter les lieux et les groupes de discussion dans Internet où règne le pessimisme et où se retrouvent les marchands de solutions rapides. Pour maintenir le cap sur la réussite en affaires, nous serions avisés de nous entourer d'une équipe de leaders, où chacun est prêt à assumer une part de la responsabilité commune. Le fait de reconnaître les bonnes habitudes à prendre est essentiel, mais pour l'instant, continuons sur le sujet du renversement des mauvais penchants. Parmi mes propres défauts dans ce domaine, se trouve ma tendance à accepter trop de tâches pour être en mesure de m'acquitter de chacune en donnant le meilleur de moi-même. Je suis nul également pour ce qui est de classer mes différents dossiers correctement – ce qui me fait perdre un temps considérable pour retrouver certains résultats de recherche. De plus, j'ai toujours tendance à mal gérer mon travail en ne réservant pas suffisamment de temps aux loisirs et à l'exercice physique. (Au moins, je participe à un safari chaque année, qui m'amène à marcher beaucoup dans les hautes terres de Maasaï-Mara, où l'air est pur à cause de l'altitude.)

Il y a de nombreuses années, je faisais preuve de négligence en acceptant un trop grand nombre d'engagements, et cela me portait à être en retard pour chaque rendez-vous, réunion et événement social auquel je participais. Mes amis et associés ont commencé à me surnommer «Waitley le retardataire invétéré». Je me suis alors fixé de nouveaux objectifs et j'ai commencé à me définir moi-même d'une nouvelle manière : «Je suis une personne ponctuelle»; «Je me présente toujours à l'heure lors d'une rencontre, d'un rendez-vous ou d'un voyage»; «le temps des autres leur est précieux, c'est pourquoi je tiens à respecter et à honorer les engagements que j'ai pris». Après une ou deux années de mise en pratique, ma réputation a commencé à changer en «Waitley le premier arrivé». J'ai appris dans ce processus à formuler une affirmation qui va à l'encontre de la mauvaise habitude que je désire changer, puis à fixer dans mon agenda des activités qui me permettent de poursuivre cet objectif. C'est ainsi que de nouveaux modes de comportements ont suivi.

L'habitude de cultiver l'excellence

Les psychologues ont consacré un nombre considérable d'études sur le sujet de la formation des habitudes. Nous savons maintenant comment se forme une habitude, lorsque le système nerveux transporte ses messages au cerveau très sensible, à partir des organes de l'ouïe, du toucher, de la vue, du goût et de l'odorat. Le cerveau utilise cette information pour prendre des décisions qui se traduisent en ordre donné, à travers les nerfs moteurs, aux différentes parties du corps, afin d'engendrer l'action.

Nous ne devrions pas nous surprendre alors du fait que les habitudes se forment après que le corps ait répondu de la même manière vingt-cinq à trente fois aux mêmes stimuli. Mais voici une découverte intéressante. Après un certain nombre de répétitions, le message provenant du système nerveux passe directement aux nerfs moteurs maintenant conditionnés, sans nécessiter une décision consciente du cerveau. C'est pourquoi je suis heureux de pouvoir affirmer que, tandis qu'il suffit qu'une chose se répète vingt-cinq à trente fois pour former une habitude, le même nombre de répétitions est nécessaire pour en développer de nouvelles, en fonction de l'effort consacré, de la pratique et d'un environnement aidant.

S'il est vrai qu'une chose répétée vingt-cinq à trente fois peut devenir une nouvelle habitude, vous vous demandez sans doute pourquoi il faut mettre au moins une année de pratique pour que celle-ci devienne permanente. La raison en est que les veilles habitudes demeurent toujours présentes sous les nouvelles. Dès que nous accusons un recul – lorsque nous les sollicitons d'une manière ou d'une autre – un lien se forme immédiatement cherchant à réactiver ces mauvais penchant de nouveau.

Voici une série de mesures pour aider à la formation de nouvelles habitudes :

1. Déterminez quelles sont vos mauvaises habitudes.

Quand, où et pourquoi les avez-vous acquises et développées ? Êtes-vous inconsciemment en train d'imiter le comportement négatif d'un groupe de pairs ou de modèles de votre entourage ? Ces penchants servent-ils à masquer des sentiments de crainte ou d'incompétence qui vous caractérisent – des émotions qui vous poussent à rechercher une fausse sécurité dans des activités qui soulagent la tension plutôt que vous permettre d'atteindre les objectifs que vous vous êtes fixés ?

2. Découvrez ce qui déclenche vos mauvaises habitudes.

Le fait de déterminer les modes de comportement que vous désirez changer vous aidera à les remplacer plus facilement, en commençant par les stimuli qui les provoquent – qui sont souvent le stress, la critique, la culpabilité, les sentiments de rejet. Essayez de cerner quelles sont les situations où vous ressentez le plus de frustration et de tension, et trouvez le moyen de les éviter ou d'en réduire la fréquence au maximum.

3. Dressez la liste des bienfaits que vous procure une nouvelle habitude qui en remplace un autre.

L'estime de soi, une meilleure santé, la longévité, des relations enrichies, une productivité accrue sur le plan professionnel, de même que le respect, une meilleure concentration au travail, de meilleures chances de promotion et de sécurité financière... Chacun de ces éléments risque de vous aider à atteindre votre objectif de poursuivre votre quête de croissance personnelle et d'amélioration de soi, tout au long de votre vie.

4. Dites adieu pour toujours à la tendance à justifier vos erreurs et vos échecs par des excuses faciles.

Acceptez l'évidence de votre propre imperfection lorsque de vieilles habitudes cherchent à occuper toute votre attention. Au lieu de vous dire : « Je suis encore tombé dans le panneau », dites-vous plutôt : «La prochaine fois, je veux me montrer assez résolu pour faire ce qui est bien ». Au lieu de penser : «Je suis trop fatigué », pensez plutôt : «Il me reste suffisamment d'énergie pour me consacrer à ceci, et peut-être à cela aussi ». Au lieu de dire : « C'est trop tard maintenant », dites-vous plutôt : «Si je fais l'effort de mieux planifier mon emploi du temps, je sais que je peux y arriver ! »

5. Essayez de vous imaginer en train d'assumer les habitudes nouvelles d'un style de vie plus positif.

Il faut un certain nombre de simulations et de répétitions avant d'établir un nouveau réseau de comportements qui s'impose à l'ancien. Si vous souhaitez cesser de fumer, faites le choix délibéré de vous asseoir dans la section non-fumeurs et exigez une chambre d'hôtel sans fumée. Imaginez un environnement qui soit sans fumée, des mains et des dents de couleur normale et en santé. Aspirez aux sentiments de bien-être intérieur associés à une haleine fraîche, à des vêtements et des meubles qui ont meilleure odeur, et, plus important encore, à des poumons en santé et à un cœur plus stable.

Vous méritez de jouir autant du bonheur et de la réussite que n'importe qui. Vous méritez d'en payer le prix – qui se résume à la connaissance, à une bonne attitude, au savoir-faire et à la formation de bonnes habitudes. Vous maîtrisez vos pensées et celles-ci dirigent vos habitudes de vie. N'oubliez jamais que c'est en pratiquant une chose qu'elle devient une habitude acquise. Votre esprit ne fait pas la distinction entre ce qui constitue la simulation intense et répétée d'attitudes en vue d'acquérir un certain comportement et la véritable expérience de ce comportement. Il enregistre cette information comme un fait, quelle que soit la chose que vous soyez en train de pratiquer. C'est le logiciel qui dirige l'activité de l'ordinateur – une vérité qui se

trouve confirmée par le comportement des prisonniers de guer-
re, celui des lionceaux comme celui des guides de safari.

Je ferme mon journal à l'instant et dépose mon stylo. Ma lampe à pétrole est presque vide. Je n'ai aucune idée du temps que j'ai consacré à gribouiller ces notes, dans la solitude de ma tente. Je me suis habitué aux rugissements des lions, aux hennissements des zèbres, aux cris des babouins et au souffle du vent sur le canevas. Je cherche ma montre en tâtonnant ; je la trouve entre deux paires de bas, dans mon sac de voyage. Je comprends à quel point un certain laps de temps peut perdre de son importance, ici au milieu de la Mara. Le temps n'a plus vraiment d'importance. Nous nous levons lorsqu'il fait jour et revenons à notre tente un peu après la pénombre.

Lorsque j'ai demandé à John Sampeke, notre guide, quel était le jour de son anniversaire, il m'a répondu qu'il n'en avait aucune idée. Il connaissait approximativement l'âge qu'il avait et savait qu'il était né dans son village maasaï, peu de temps après la deuxième pluie. J'ai réfléchi alors combien il est étrange que nous mettions tant d'insistance, dans la culture occidentale, sur le temps qui passe, sur les anniversaires à célébrer chaque année.

J'ai jeté un coup d'œil à ma montre. Elle affichait 23 h 50, le vingt-quatrième jour du mois d'août. Je me suis endormi en me demandant pourquoi j'accordais tant d'importance aux anniversaires.

CHAPITRE ONZE

La surprise d'anniversaire

L a date du 25 août était celle de notre dernier jour et dernière nuit de safari tous ensemble. J'ai accueilli le lever du jour avec un cœur partagé, parce que je me sentais émotionnellement si lié à la région de Maasaï-Mara que ce camp des Cottar de style 1920 me semblait comme un véritable oasis, un deuxième chez-moi que je n'avais plus envie de quitter.

Même si j'envisageais de revenir y faire un pèlerinage annuel, il me faudrait attendre une année entière pour le faire. Je profitais pleinement du moment présent, et je n'aimais pas l'idée de devoir faire mes valises et de retrouver la grisaille de l'autoroute 5, en pleine heure de pointe, dans le sud de ma Californie.

Mes sentiments de morosité se sont rapidement dissipés lorsque je me suis rappelé que c'était l'anniversaire de ma fille Dayna, lequel avait inspiré l'idée de ce safari en Afrique de l'Est. Si je n'avais pas eu le génie de lui offrir ce voyage en cadeau pour concrétiser une promesse que je lui avais faite vingt-cinq ans auparavant, je n'aurais jamais offert la meilleure mise sur ce voyage, au cours de l'encan-bénéfice organisé par l'université.

Pendant que j'ajustais ma lampe à pétrole afin de me raser sans me trancher une artère ou modifier la courbure de mon nez, j'ai rigolé en moi-même en pensant aux années où les enfants étaient encore jeunes. Dayna avait été celle de nos enfants qui appréciait le plus la nature. Sa chambre était toujours remplie d'animaux – et je ne fais pas ici allusion à des oursons en peluche. C'était une véritable ménagerie.

Aujourd'hui, elle a deux enfants sans doute très désireux de vivre aussi l'expérience de safari l'année prochaine, et sa maison abrite une famille élargie incluant une panoplie de chiens, de chevaux, de chats, d'oiseaux, de lapins et de poulets. Il n'a pas été facile de trouver des nounous pour s'occuper de tous ces animaux quand elle a voulu prendre des vacances. S'il avait plu durant quarante jours et quarante nuits sans arrêt, elle aurait sûrement pu apporter son aide précieuse au père Noé, en lui fournissant quelques espèces pour remplir l'arche d'animaux destinés à repeupler la terre.

J'ai épongé le reste de crème à raser sur mon visage et enfilé une nouvelle paire de kakis, une chemise à manches courtes, ma veste de safari de
style «reporter», des bas propres et mes bottes de randonnée. Quelle chance
que les Cottar offrent les services de blanchisserie aux invités, avec des vêtements fraîchement lavés disponibles chaque matin, les services de massage
et la possibilité de plonger dans la piscine en fin d'après-midi, une fois de
retour de la randonnée en voiture ou à pied. Même si la journée était exigeante
à plus d'un égard, nous étions traités comme des chefs d'État.

Ajustant mon chapeau de safari, du genre Crocodile Dundee, j'ai examiné
mon visage lisse et bien rasé dans le miroir, en essayant de décider si je
ressemblais à une version légèrement plus âgée de Michael Douglas ou Harrison
Ford. En me regardant, je me suis penché un peu en avant pour mieux profiter
de la lumière de la lampe, dans la pénombre du matin, et j'ai rapidement
détourné le regard en faisant une moue : ce contact avec la réalité m'avait indiqué
que je ressemblais davantage à Leslie Neilsen, l'acteur-vedette de parodies
américaines telles que *Film de peur.*

---

*Alors que je marchais le long du sentier conduisant de ma tente
à la salle à manger, j'ai jeté un bref coup d'œil aux épais buissons sur les collines adjacentes pour m'assurer que je n'allais pas
me trouver face à face avec la lionne en résidence revenant de
son excursion de chasse de la nuit précédente, ou avec le léopard
qui vivait tout près, un peu plus haut sur la montagne. Je suis en
continuel désaccord avec les membres de ma famille sur un
point : j'essaie de les persuader que je siffle constamment parce
que je me sens heureux; ils prétendent que j'agis de la sorte
parce je suis stressé et que c'est ma manière à moi de me calmer!*

Au cours de la dernière randonnée du voyage, nous avons décidé de
retourner au bord de la rivière Mara pour y contempler le spectacle incroyable
des gnous en train de traverser et pour y casser la croûte au bord de l'eau.
Comme toujours, notre bonne fortune nous a favorisé en nous procurant
l'occasion de voir une multitude d'animaux sauvages, certains familiers,

d'autres moins, qui nous ont accordé le privilège de parcourir la savane en leur charmante et agréable compagnie.

Nous avons particulièrement aimé jouer à cache-cache avec un troupeau d'autruches. Ces bêtes se méritent un « grand prix du public » pour la qualité de leur performance comme animal sauvage vivant dans la plaine, surtout les mâles lorsqu'ils sont amoureux. J'ai souvent eu l'occasion de voir les paons en mettre plein la vue pour impressionner ces dames, avec leurs plumes en éventail, mais ceci n'est rien à côté du privilège d'occuper les premiers rangs quand les autruches mâles décident d'employer les grands moyens pour faire la cour à une femelle.

C'est à croire que le Créateur était un peu distrait quand il a créé les autruches, ou que son humeur était particulièrement taquine ce jour-là. Ces animaux ressemblent à une version évoluée de petits chameaux sur deux pattes, avec une seule bosse, des plumes, des pattes rasées et un bec ; ou ils ressemblent à des petits dinosaures couverts de plumes, sans queue, sortis d'un film de Michael Crichton traitant d'un monde maintenant disparu.

Comment décrire correctement la démarche du mâle lorsqu'il se met à danser pour faire sa cour ? Il débute par une sorte de ballet qui ressemble à certaines scènes du Lac des cygnes, puis il perd complètement le nord en se lançant dans une improvisation libre, dont une série de pas empruntés au hip-hop, à la salsa, à la gigue irlandaise de style Riverdance et au jitterbug. Il en remet ensuite en balançant son long cou d'une manière circulaire qui rappelle les mouvements giratoires d'un boyau d'arrosage hors contrôle quand la pression de l'eau le dirige dans tous les sens et que personne n'arrive à l'attraper. Les images vidéo faites par mon gendre seront précieuses pour nous permettre de retrouver notre rythme naturel quand nous serons confrontés à la pression incessante des bulletins de nouvelles, une fois de retour à la maison, avec leur accent démesuré sur les scènes de violence, et si peu sur les images de courage, d'espoir et d'humour.

Nous avons quitté le bal des autruches pour nous diriger près du rivage de la Mara. Dans la langue *maa* – le dialecte servant de lien entre les différents clans maasaïs – le mot mara veut dire *taché*. La plaine ouverte devait ressembler au pelage d'un guépard pour les ancêtres maasaïs lorsqu'ils l'observaient de là-haut, juchés sur une montagne ou sur un plan incliné, avec ses bosquets d'acacias et ses oliviers poussant çà et là à travers la savane. Une riche végétation combinée à une source continuelle d'eau potable fournie par la rivière Mara permet d'attirer à cet endroit une forte concentration d'animaux sauvages, qu'il est encore possible d'admirer là. Il n'existe aucun autre endroit où les lions soient si nombreux, et nous nous sommes arrêtés souvent en chemin pour prendre le temps de les observer, réunis en bandes, dans des conditions parmi les plus saines et les meilleures d'Afrique, et étendus quelque part à l'ombre, sous le parasol naturel d'un olivier sauvage.

En arrivant à la rivière, nous avons été de nouveau les témoins d'une scène où régnait la plus totale confusion, alors que les gnous et les zèbres étaient rassemblées par milliers sur les deux rives. Les troupeaux qui avaient traversé les eaux précédemment se prélassaient maintenant dans les herbes dorées de la plaine du Paradis, avant de reprendre leur périple migrateur. Mais plusieurs centaines de bêtes restaient derrière, comme si quelqu'un leur avait conseillé de se fondre dans le groupe pour assurer leur sécurité et elles attendaient de traverser en compagnie d'un millier d'autres bêtes, au lieu d'une centaine à la fois. Tandis que nous les observions, les zèbres se sont décidés les premiers, en plongeant dans les eaux tumultueuses et vaseuses, comme s'il était de leur devoir de se lancer à l'assaut pour entraîner les gnous.

Le spectacle nous semblait irréel. Nous avions davantage l'impression d'assister à une production cinématographique que d'être dans la réalité : les sabots faisaient un bruit assourdissant et soulevaient un nuage de poussière qui masquait presque les rayons du soleil ; c'est à ce moment que les gnous se sont mis à charger et ont plongé à leur tour dans la rivière. Plusieurs se sont écrasés sur les rochers juste en bas, là où l'eau était peu profonde, alors que d'autres atterrissaient sur le dos d'autres bêtes en train de lutter pour leur survie, au milieu de courants forts, à des endroits où l'eau était plus profonde. La scène avait l'allure d'un véritable tohu-bohu, où régnait le chaos le plus total, tandis que plusieurs bêtes sautaient dans le vide en faisant une entrée plutôt réussie dans la rivière et que d'autres étaient entraînées par le courant et finissaient par se noyer dans les dangereux rapides.

Sur les deux rives de la rivière, dans les arbres et survolant en cercle dans le ciel, se tenaient un nombre grandissant de vautours, tels des spectateurs romains se réjouissant avec malveillance, pouce vers le bas, devant une arène remplie de gladiateurs en train de s'affronter. Les crocodiles se tenaient là, tels des gardiens de prison, pour s'assurer que le moins de prisonniers possible ne parviennent à s'échapper de la prison que constituait la flot de la rivière.

C'était tellement déconcertant de nous trouver si près de l'action, que nous avons été reconnaissants de ne demeurer sur place que quelques minutes, avant de passer le reste de la matinée à contempler le spectacle nettement plus agréable des girafes, des éléphants, des bébés hippopotames et même d'un rhinocéros. Nous n'avons pu apercevoir que deux seuls rhinocéros noirs, et à bonne distance, au cours de ce voyage, car leur nombre est réduit à une poignée de spécimens. Ils sont très recherchés par les braconniers pour les soi-disant vertus magiques de leur corne. Tout chez le rhinocéros, de même que chez le crocodile, rappelle l'ère préhistorique : la corne en pointe, les paupières qui s'apparentent à celles du lézard, les empreintes qui, avec leurs trois orteils, ressemblent à celles des dinosaures, et la peau ridée témoignant du fait qu'ils sont là, dans la plaine, depuis six millions d'années. Il est triste de constater que le rhinocéros noir ne sera bientôt plus qu'un lointain souvenir.

John a trouvé le coin idéal pour que nous cassions la croûte. Notre coin où pique-niquer se trouvait dans un endroit tranquille, à l'ombre d'un pittoresque bosquet d'arbres verdoyants près de la rivière. Comme nous avions stationné le véhicule en amont loin de l'endroit où les troupeaux traversaient la rivière, les seuls bruits qui nous parvenaient consistaient en des reniflements et grognements occasionnels des hippopotames, plus bas, quand ils refaisaient surface ou qu'ils manœuvraient pour trouver un endroit plus propice où s'ébattre dans la rivière. John se tenait là, dans sa plus belle toge rouge, sandales aux pieds, collier au cou et bâton à la main ; son apparence reflétait parfaitement son statut de distingué chef maasaï, ce qu'il était en réalité dans son autre milieu de vie.

Nous rappelant l'époque glorieuse des safaris du siècle passé, nous étions parfaitement détendus, en train de manger, paisiblement assis sur d'énormes coussins de duvet brodés et des couvertures, autour d'une table richement garnie des couverts de porcelaine les plus élégants et dont les plats regorgeaient d'une multitude d'assortiments de salades de fruits et légumes, de faisan, de sanglier et d'agneau. Des fruits frais, du fromage et des pâtisseries vinrent ensuite, que j'ai arrosés d'un merveilleux chardonnay. C'était bien là le style de camping sauvage que je préfère.

Tandis que John faisait une tournée de reconnaissance des lieux en ma compagnie, pour déterminer la route à prendre en vue d'une petite balade à pied durant l'après-midi, qui nous permettrait de brûler un peu de ces centaines de calories que nous venions tout juste d'ingérer, mes deux filles ont pris la direction opposée, à la recherche d'une enclave boisée pouvant leur servir de toilettes improvisées. Il n'est pas aussi commode pour les femmes de satisfaire certains besoins naturels dans la campagne sauvage que ça ne l'est pour nous, les hommes, puisqu'on ne trouve pas de pots de chambre très facilement dans la brousse de Mara.

Peu de temps après, nous avons entendu un cri strident et fort reconnaissable, celui de Debi, lancé comme un SOS et rompant le charme de ce début d'après-midi. John s'est tout de suite emparé de son fusil et a foncé en direction de l'appel de détresse. Tom, Ladd et moi avons couru derrière lui, craignant que les filles n'aient fait la rencontre fortuite d'un hippopotame ou d'un crocodile. Dès que John est arrivé sur les lieux, mes deux filles sont sorties de leur cachette, derrière les buissons.

«Est-ce que mon cri vous a paru suffisamment authentique?» Debi, qui était l'instigatrice de la supercherie, a éclaté de rire, tandis que j'arrivais à mon tour, le souffle court. John a esquissé un bref sourire de soulagement, qui s'est transformé tout de suite en froncement de sourcils de directeur d'école.

Il a commencé la leçon ainsi: «Il ne faut jamais faire ce genre de plaisanterie au cours d'un safari. Vous sous-estimez le danger potentiel. Les hippopotames et les crocodiles sont très rapides et ils sont de dangereux tueurs. Pour le croco, vous êtes des proies. Pour l'hippo, vous êtes des intruses et une menace possible à sa progéniture. Il ne faut crier que lorsque vous vous trouvez confrontées à un réel danger. Vous avez mis votre père et vos maris dans tous leurs états.»

John avait bien deviné qu'il s'agissait d'une plaisanterie parce qu'il avait l'habitude de pique-niquer à cet endroit, en haut d'un talus escarpé, à l'abri des animaux qui se trouvaient plus bas. Ceux-ci n'auraient jamais pu gravir la pente sans ascenseur! John avait réagi instinctivement, bien qu'il s'était douté qu'il n'y avait aucun danger, à moins que les filles n'eussent décidé de sauter carrément en bas du talus, dont les rebords étaient pourtant sûrs et bien visibles.

John a affiché son sourire inimitable de nouveau, puis il a entouré Debi et Dayna de ses bras en disant: «Nous risquons de ne pas prendre la chose au sérieux si vous tombez sur un serpent ou un lion, la prochaine fois! Nous allons simplement poursuivre notre sieste ou continuer à marcher, en nous disant que vous êtes encore en train de nous jouer un vilain tour.»

Les filles ont reconnu que leur mise en scène n'était pas une si bonne idée, après tout, et nous sommes passés à un autre sujet. Elles ont pensé, en fait, que nous avions tous changé de sujet. Et quoique Debi soit celle qui ait crié, je sentais que Dayna, malgré son silence, avait été elle aussi pas mal impliquée dans cette affaire.

«Quelles mesures de représailles étaient les plus appropriées dans une telle situation?», me dis-je à moi-même. C'est alors qu'une machination a commencé lentement à se concrétiser dans ma tête. Tandis que mes deux filles relaxaient sur leurs coussins de duvet, je suis allé faire une petite balade, en compagnie de John, en vue de mettre au point une stratégie. En plus d'être le territoire des gnous, des zèbres, des hippopotames et des crocodiles, le coin était également celui des éléphants.

Tout disposé à participer pleinement à la plaisanterie que j'étais en train de concocter, John a trouvé la combine parfaite. Il a ramassé un petit monticule d'excréments d'éléphant en forme de gâteau, parfaitement préservé et séché. Bien sûr je connaissais déjà ce que les fermiers occidentaux appellent des «pommes de route» et des «tartes de prairie», mais les «gâteaux d'éléphant» étaient une première pour moi.

Avant que vous ne soyez complètement dégoûtés et ne refermiez ce livre, laissez-moi vous raconter. Ce vestige unique de la présence des éléphants devait avoir au moins un an. Il avait perdu toute odeur et on aurait dit qu'un potier en avait façonné la forme parfaitement agencée en couches superposées, dans de la terre glaise. John s'est empressé d'envelopper son trésor dans une nappe et a déposé le paquet à l'arrière de la Land Rover avec les restes de notre pique-nique. Tandis que j'imaginais la soirée de plaisir devant nous, le retour au campement me sembla prendre une éternité.

Lorsque nous sommes arrivés au site des Cottar, nous avons vendu la mèche quant à nos intentions, aux maris de mes filles pendant que ces dernières étaient sous la douche. John et moi avons ensuite rencontré le personnel de la cuisine, des gens des plus compétents et compréhensifs, et enthousiastes à l'idée de s'occuper de l'aspect le plus important de notre plan machiavélique. Et je dois dire qu'ils ont largement dépassé nos attentes dans ce domaine.

Le plat de dessert fut monté avec un sens artistique hors du commun, avec des décorations en sucre élaborées en forme de pétales de fleur, et le message : «Joyeux anniversaire, chère Dayna» dessiné au milieu de l'épaisse couche de glaçage rose recouvrant l'énorme gâteau d'anniversaire de style safari. Avec ses deux cercles concentriques de chandelles de couleur blanche, cette «chose sucrée» que le personnel avait créée avait l'apparence d'un véritable chef-d'œuvre de l'art culinaire et semblait tout simplement délicieux.

Il faut vous asseoir un moment avec nous à cette étape-ci, pour imaginer la scène, avec l'énorme table de bois massif montée pour seize personnes, en vue de la double célébration de notre dernier repas en compagnie des Cottar et d'une fête d'anniversaire pour celle qui était l'invitée d'honneur ce soir-là. L'atmosphère frôlait l'enchantement. C'était une fraîche soirée d'août et un feu se consumait lentement dans le foyer. Sur la table, des couverts en porcelaine, des coupes de cristal et des chandeliers en argent massif contribuaient à l'ambiance. Au menu, un potage au bleu, suivi d'une salade d'endives, accompagnée d'une vinaigrette au goût délicat de framboise ; du bœuf et de la pintade ; des pommes de terre en purée à l'ail et des asperges fraîches ; des champignons ; du vin blanc français ou du pinot noir, ou les deux. Ce fut un banquet royal digne de la revue *Condé Nast*.

Louise et Calvin Cottar se conduisirent, comme d'habitude, en hôtes parfaits. Chacun des douze convives, incluant nous quatre, Américains, et les nouveaux amis japonais, mexicains, anglais et australiens que nous nous étions faits sur place, se sentait encore plus détendu que si nous avions tous fait partie d'un club de bridge se rencontrant chaque semaine depuis des années. Nous avions vécu ensemble des choses exaltantes, qui avaient créé une sorte de lien entre nous, le genre d'expérience dont il n'est pas vraiment nécessaire de discuter par la suite. Il nous suffisait de faire un signe de la tête en nous regardant les uns les autres et de sourire pour comprendre.

Enfin, le moment tant attendu arriva. Nous avons tous fait des «Ohhh!» et des «Ahhh!» admiratifs, tandis que le gâteau faisait son entrée sur un plateau d'argent, comme s'il avait été envoyé l'après-midi même de Paris par un chef français réputé. Nous avons applaudi et entonné bien fort notre chant de joyeux anniversaire résonnant dans la savane, pendant que nos yeux restaient fixés sur ma fille, Dayna, et qu'elle soufflait sur les bougies.

Puis, elle s'est apprêtée à couper son gâteau d'anniversaire en portions. Sans succès. Dayna a appuyé davantage sur le couteau à pâtisserie, d'abord en affichant une mine intriguée, puis son regard a croisé le mien et ses pupilles se sont contractées presque imperceptiblement, de sorte que j'étais sans doute le seul à l'avoir remarqué.

«Papa, a-t-elle dit en souriant, de quel genre de gâteau s'agit-il, au juste?»

«Ce n'est rien d'autre qu'un gâteau aux carottes, ton préféré», ai-je répondu, en prenant un petit air innocent.

«Ce gâteau aux carottes me semble un peu particulier...» a-t-elle ajouté. Puis, elle a répondu à sa propre question : «Mais, aucune carotte ne pousse ici, sur les hautes terres du Kenya, papa.»

«Eh bien, j'ai parlé de gâteau aux carottes parce qu'il a la même couleur et la même texture qu'un véritable gâteau aux carottes», ai-je conclu, sans trop de conviction.

«Pourtant, je ne parviens pas à en couper en seul morceau. Est-ce qu'il est desséché?» a-t-elle demandé doucement, sur un ton sarcastique.

«En effet, ma chérie, il est un peu avarié. Il s'agit d'un "gâteau d'éléphant"», ai-je alors reconnu.

«Un gâteau d'éléphant», s'est-elle alors exclamée, en examinant attentivement l'intérieur. «Ah! Misère..., a-t-elle ajouté en riant avec incrédulité, est-ce que cette chose est ce que pense qu'elle est?»

«Exactement, et c'est John qui a eu l'idée de ramasser ce "gâteau d'éléphant" pour se venger de ta sœur et toi, pendant que vous faisiez la sieste, toutes tes deux sur les coussins de duvet, le long de la rivière», ai-je ajouté.

« Ne cherche pas à mettre la faute sur John, papa, dit-elle en secouant la tête. J'aurais dû me douter que tu ferais quelque chose qui dépasse la mesure. Quand vas-tu devenir adulte ? »

Tandis que nous servions le véritable gâteau d'anniversaire, préparé par le personnel de la cuisine au cours de l'après-midi – un gâteau allemand au chocolat complètement décadent – Dayna et Debi ont confié aux Cottar et aux autres invités à quel point je pouvais me montrer immature en m'adonnant à toutes sortes de stupidités, détruisant ainsi toute crédibilité que j'aurais pu avoir acquise jusqu'ici en tant que psychologue et auteur d'ouvrages non romanesques.

J'ai senti que mon visage prenait une couleur sombre lorsque j'ai entendu mes filles raconter au groupe rassemblé pour le souper d'anniversaire que « j'avais toujours eu une pièce vide au grenier », résultant sans doute d'une tare héritée à la naissance ou suite au fait d'avoir grimpé trop haut dans le ciel sans oxygène lorsque mes filles étaient encore des bébés, au volant de mon avion à réaction de la marine américain. Elles ont raconté que j'avais terrorisé les enfants du voisinage qui sonnaient à notre porte, un soir d'halloween, en ouvrant celle-ci revêtu d'un déguisement monstrueux, et que je lançais des billes sur le toit de notre maison pour imiter le bruit des sabots des rennes du père Noël, la veille de Noël.

Il m'a semblé que Debi était allée trop loin lorsqu'elle a confié aux convives amusés qu'au lieu de raconter des histoires à mes enfants avant qu'ils ne s'endorment, j'avais plutôt l'habitude de mentionner avec désinvolture qu'une panthère noire s'était échappée du jardin zoologique et qu'elle avait été aperçue rôdant dans le voisinage ; que je m'amusais ensuite à fermer rapidement la lumière pour ramper sur le plancher de leur chambre à coucher en émettant des bruits imitant le souffle et le grognement de l'animal. Elles ont raconté qu'elles, et surtout les garçons plus jeunes, plongeaient alors sous les couvertures, riant à demi et criant en même temps, et se demandant si c'était bien leur étrange papa ou un véritable loup-garou qui faisait ces drôles de bruits dans leur chambre.

John a alors mentionné l'incident du bord de la rivière aux Cottar et aux autres convives, en disant qu'il comprenait mieux maintenant pourquoi Debi avait agi de la sorte. Elle avait été simplement influencée par le comportement de son papa.

Mes filles ont achevé leur travail de sabotage, qui semblait intéresser au plus haut point mes deux gendres, Tom et Ladd. Jusqu'à présent, ils avaient cru que j'étais un professionnel digne de respect. Maintenant, il était devenu évident pour eux que j'avais plutôt grand besoin moi-même de l'aide d'un professionnel.

Dayna a raconté l'incident où j'avais emmené tous les enfants pour une longue balade en auto, de San Diego à Anaheim, peu de temps après que Disney-land ait officiellement ouvert ses portes. S'ils ont tous sauté de joie en apercevant le Matterhorn, de la fenêtre de l'auto, ils ont rapidement déchanté quand je leur ai dit que toutes ces voitures dans le stationnement appartenaient aux ouvriers et aux membres du personnel qui travaillaient là. Affichant un air déçu et faisant la moue, ils ont rétorqué qu'il leur semblait que la balade du week-end avait été beaucoup plus longue que d'habitude, ce qui m'a bien fait rigoler.

Dayna a ajouté que je leur avais dit que nous prendrions notre déjeuner à l'hôtel Disneyland, qui venait d'ouvrir ses portes, pour justifier le trajet de cent kilomètres que nous venions tout juste de parcourir. Je les avais ensuite conduits à travers le hall d'entrée jusqu'à la mezzanine, où nous sommes montés à bord du monorail nous conduisant à Disneyland pour une magnifique journée qui s'est étirée jusque tard dans la soirée. «Nous avons seulement fait semblant de paraître déçus, papa, a conclu Dayna. À ce point, nous commencions à te con-naître mieux et nous savions que tu nous amenais à Disneyland dès l'instant où nous avons aperçu le mont Matterhorn de l'autoroute».

«Oui mais, a renchéri Debi, nous n'étions plus très rassurés, la fois où tu nous as pris dans ton avion pour un tour de reconnaissance et que tu as secrètement éteint les moteurs au-dessus de l'océan!»

«Bon, assez de ces histoires, ai-je interrompu alors. Les convives sont fatigués et ils en ont assez entendu. C'est le temps d'aller dormir.»

Comme complément au récit de la fête d'anniversaire, je dois ajou-ter que l'année suivante nous sommes retournés au campement de safari des Cottar de style 1920 en compagnie des enfants de Dayna, Alexander et Alissa, dont j'ai parlé dans un autre chapitre. Le voyage a eu lieu au même moment que l'anniversaire de Dayna, le 25 août. Seulement, cette fois, il n'y a eu qu'un seul gâteau d'anniversaire, et il s'agissait d'un vrai gâteau, sans l'intention de s'amuser aux dépens de ma fille. Il y avait là une famille belge nombreuse qui partageait les festivités avec nous et dont les membres s'exprimaient uniquement en français, bien qu'ils possédaient les rudiments de la langue anglaise.

Lorsque Dayna a soufflé ses chandelles et a fait un vœu, ma petite-fille Alissa, âgée de neuf ans, m'a lancé tout à coup, avec un regard rempli d'anticipation : « Est-ce que ce gâteau est fait aussi à partir de crotte d'éléphant, grand-papa ? »

J'ai tenté d'expliquer à nos amis belges que l'année précédente nous avions fait une plaisanterie à ma fille pour son anniversaire, et que le présent gâteau était bel et bien sorti du four de la cuisine, qu'il était délicieux et qu'ils apprécieraient certainement d'en avoir une portion. Ils se sont regardés les uns les autres et ont refusé mon offre avec politesse, prétextant qu'ils avaient déjà le ventre plein et qu'ils se sentaient fatigués après une longue journée remplie d'activités. Ils ont quitté la salle à manger en souhaitant que ma famille apprécie le dessert et le reste de la soirée.

Mais je ne veux pas vous embrouiller en sautant ainsi à la deuxième année de safari. Revenons donc en arrière, au voyage de l'année précédente, notre toute première excursion en territoire Mara.

Après le repas du soir, je suis demeuré assis à l'extérieur en savourant un verre de porto vieilli à point, contemplant le ciel africain le plus incroyable, parsemé de tant d'étoiles que la voûte céleste me paraissait plus scintillante et vaste que tout ce que j'avais vu auparavant. Dayna et Debi ont marché jusqu'à l'endroit où j'étais assis et elles m'ont fait un câlin pour me souhaiter une bonne nuit. « Cette soirée à été la meilleure de toutes, papa. Merci, je t'aime fort » a murmuré Debi à mon oreille.

J'ai dit à Dayna que je désirais lui offrir un véritable souvenir d'anniversaire qu'elle pouvait choisir dans la collection d'objets offerts à la boutique des Cottar. «J'ai déjà reçu le plus beau des cadeaux d'anniversaire que je ne recevrai jamais avec ce safari, a-t-elle répondu. Bonne nuit, papa. Je t'aime.»

Quel cadeau merveilleux que d'être parent et de comprendre que c'est là un privilège qui dure la vie entière, et pas seulement durant le temps où il faut veiller précieusement sur le troupeau qui nous est confié. La rigolade et l'humour enfantin exprimés par mes filles m'avaient renouvelé, et je me sentais reposé. Rien ne pouvait égaler le sentiment qui remplissait mon cœur à ce moment. L'amour des miens, la joie la plus profonde qui soit.

Je savais déjà que l'amour le plus sincère dont j'avais été le témoin était celui qu'une mère partage avec ses enfants ; mais je ne pouvais pas m'imaginer que les sentiments maternels se révèlent plus intenses et entiers que ceux que je ressentais alors.

J'ai dormi paisiblement ce soir-là, en méditant une dernière pensée – courtoisie de Robert Browning – qui est demeurée attachée à mes lèvres tandis que je posais la tête sur l'oreiller, après une journée parfaite : «Dieu veille sur nous dans son ciel, tout va bien dans ce monde.»

CHAPITRE DOUZE

L'illumination

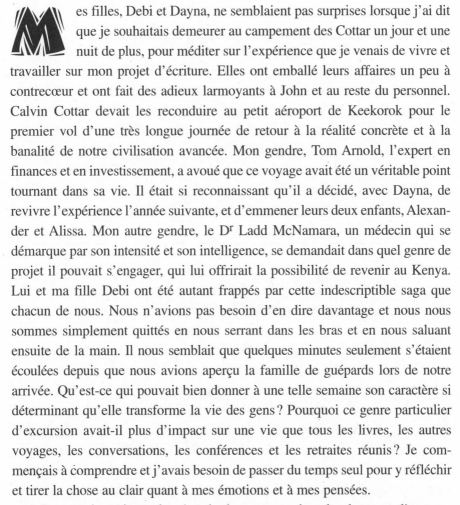

Mes filles, Debi et Dayna, ne semblaient pas surprises lorsque j'ai dit que je souhaitais demeurer au campement des Cottar un jour et une nuit de plus, pour méditer sur l'expérience que je venais de vivre et travailler sur mon projet d'écriture. Elles ont emballé leurs affaires un peu à contrecœur et ont fait des adieux larmoyants à John et au reste du personnel. Calvin Cottar devait les reconduire au petit aéroport de Keekorok pour le premier vol d'une très longue journée de retour à la réalité concrète et à la banalité de notre civilisation avancée. Mon gendre, Tom Arnold, l'expert en finances et en investissement, a avoué que ce voyage avait été un véritable point tournant dans sa vie. Il était si reconnaissant qu'il a décidé, avec Dayna, de revivre l'expérience l'année suivante, et d'emmener leurs deux enfants, Alexander et Alissa. Mon autre gendre, le Dr Ladd McNamara, un médecin qui se démarque par son intensité et son intelligence, se demandait dans quel genre de projet il pouvait s'engager, qui lui offrirait la possibilité de revenir au Kenya. Lui et ma fille Debi ont été autant frappés par cette indescriptible saga que chacun de nous. Nous n'avions pas besoin d'en dire davantage et nous nous sommes simplement quittés en nous serrant dans les bras et en nous saluant ensuite de la main. Il nous semblait que quelques minutes seulement s'étaient écoulées depuis que nous avions aperçu la famille de guépards lors de notre arrivée. Qu'est-ce qui pouvait bien donner à une telle semaine son caractère si déterminant qu'elle transforme la vie des gens ? Pourquoi ce genre particulier d'excursion avait-il plus d'impact sur une vie que tous les livres, les autres voyages, les conversations, les conférences et les retraites réunis ? Je commençais à comprendre et j'avais besoin de passer du temps seul pour y réfléchir et tirer la chose au clair quant à mes émotions et à mes pensées.

Je me suis assis sur la véranda de ma tente dans la plus complète tranquillité – conscient seulement des battements de mon cœur –, admirant la vaste étendue des plaines environnantes, écoutant les sons de la journée s'évanouir dans le silence au loin tandis que les oiseaux volaient vers la sécurité de leur nid et que les créatures de la nuit commençaient à s'animer inlassablement en quittant leur tanière. À ce moment, j'ai imaginé que cet Éden, ce berceau de la civilisation, était comme une jolie femme. Il s'agissait des mêmes sentiments que ceux qui m'avaient envahi à mon arrivée, ce qui explique pourquoi j'ai vécu ce moment de nostalgie en me rappelant le film *Somewhere in Time*.

Le vent soufflant à travers les hautes terres du Kenya, au-dessus du campement, avait semblé me murmurer directement à l'oreille, comme venant du Créateur de la nature même : « Tu es de retour à la maison ! » Et je savais que chaque fois que j'allais entendre le thème de la musique des films Souvenirs d'Afrique ou Quelque part dans le temps – qui demeurent mes préférés – j'imaginerais que la jolie vieille dame – qui a murmuré à l'oreille de Richard Collier (Christopher Reeves) : « Reviens à moi » – se trouvait ici, dans cet endroit merveilleux, insistant pour que je revienne. C'est pour-quoi je l'ai fait et je le ferai encore.

Mais quelle en est la raison ? Pourquoi à cet endroit ? Pourquoi pas aux endroits qui constituaient les repaires de ma jeunesse, sur les plages et dans les cavernes naturelles de La Jolla, en Californie, au temps où ceux-ci n'étaient pas encore devenus des attractions touristiques ? Pourquoi pas à la grande barrière de corail en Australie, où j'adore passer mes vacances ? Ou sur la jolie île au sud de la Nouvelle-Zélande, ou parmi les riches pâturages verdoyants de l'Irlande, ou au milieu des virginales montagnes Rocheuses, au Canada, ou dans les montagnes du Colorado ? Pourquoi pas sur les îles Lanai, ou Kauai en Polynésie ? Ou dans n'importe quelle ville sainte du monde, Dans les forêts, près des rivières et des lacs ou au beau milieu du désert. Ou encore dans l'univers sauvage de l'Alaska ? Et pourquoi pas en Asie, où j'ai souvent voyagé et où je sens l'ancien géant en train de s'éveiller pour devenir l'acteur principal du développement économique à venir de l'humanité.

Tandis que la noirceur semblait lentement m'envelopper tel un manteau de velours, je me sentais accueilli par les étoiles et les planètes au-dessus de moi, qui me paraissaient alors comme des spectatrices attentives dans un vaste amphithéâtre, debout au balcon pour assister à la grandiose symphonie de la vie orchestrée par le Maestro ici-bas. C'était là le mot que je cherchais en tâtonnant. C'était le simple mot *vie*.

Je me trouvais ici, connecté à la vie plus que dans n'importe quel autre environnement. C'était là un miroir dans lequel plonger mon regard pour y découvrir bien plus que le reflet de mon visage. Dans notre culture occidentale, de même que dans toutes les sociétés industrialisées, le miroir prend souvent l'aspect de l'étang où Narcisse fixait continuellement son visage en tirant plaisir et vanité de la contemplation de son propre reflet. Nous formons, aujourd'hui, une communauté d'humains centrés sur soi ; nous sommes persuadés que l'univers tourne autour de notre petite personne et de nos aspirations individuelles, nous traitons les animaux sauvages comme des animaux de compagnie, en les mettant en cage, en les exploitant et en exigeant qu'ils nous amusent, comme le feraient les bouffons et les guépards si nous étions des souverains de l'ancienne Assyrie. La vie sauvage est aussi présente dans les autres endroits que j'ai mentionnés, c'est certain. Mais rien ne peut égaler la diversité, la totale abondance et la variété de la vie qui bat dans la région de l'Afrique de l'Est. Les pyramides d'Égypte auraient beaucoup de choses à nous raconter sur la vie telle qu'elle était vécue au temps des pharaons. Toutefois, les ancêtres de cette poignée de rhinocéros noirs – une espèce toujours vivante de dinosaures de la région de Maasaï-Mara – ont brouté l'herbe de la savane ici depuis six millions d'années.

En Afrique de l'Est, le passé rejoint le présent, et pas seulement sous la forme de fossiles, de vestiges et de ruines. L'histoire est vivante dans le territoire de Maasaï-Mara, au Kenya. Ce musée d'histoire naturelle respire, et son pouls se fait entendre à nos oreilles sous la forme du plus grand rassemblement de vie animale sauvage sur terre. Vous n'avez pas besoin d'enfoncer un bouton pour lancer la présentation audio-visuelle décrivant comment les choses étaient à cette époque lointaine. Il vous suffit de vous asseoir et d'observer, de sentir et d'écouter. Vous vous trouvez alors connectés.

Le passé et le présent se rencontrent et bientôt se confondent.

Et vous n'avez pas besoin d'être un activiste ou un protecteur des droits des animaux ou de l'environnement pour apprécier la majesté de ces paysages magnifiques. Vous pouvez être une personne affable qui apprécie la compagnie des autres, un défenseur de l'environnement, un mordu d'histoire, un maniaque de la caméra ou un explorateur, et ressentir le même lien spirituel que celui qui a animé les Cottar depuis le début des années 1900. Je suis certain que vous êtes familiers avec la série d'expéditions dirigées d'abord par Louis Leakey et sa femme Marie, et poursuivies plus tard par Mary et son fils Richard Leakey. Figurant parmi les protégés et proches collaboratrices de Louis Leakey se trouve Diane Fossey, dont le personnage a été interprété magnifiquement par Sigourney Weaver – dans la production cinématographique *Gorilles dans la brume* –, qui raconte la vie courageuse et tragique de cette pionnière qui a étudié le comportement des gorilles africains. Se trouvait aussi, parmi ses protégés, Jane Goodall, qui a atteint une certaine renommée à la suite de ses recherches uniques et très révélatrices sur le comportement des chimpanzés.

En 1972, Richard Leakey a rapporté la découverte d'un crâne semblable à celui de l'homme moderne et apparemment vieux de 1,8 million d'années, lequel avait été trouvé dans la région de Koobi Fora. Situé sur la rive est du lac Turkana, au Kenya, Koobi Fora est l'un des sites préhistoriques majeurs pour l'étude des premiers humains. En 1978, Mary Leakey a découvert la trace clairement apparente d'empreintes de pas attribuées à des humains de l'époque préhistorique, signalant la présence de deux adultes et d'un enfant – et vieilles de près de 3,5 millions d'années –, lesquelles avaient été conservées dans les cendres volcaniques sur un site en Tanzanie appelé Laetoli.

Au cours de nos différentes balades et randonnées, mes enfants, mes petits-enfants et moi avons eu, nous aussi, l'occasion de laisser nos empreintes de pas ici et là; toutefois, celles-ci ont sûrement disparu après la première pluie. L'empreinte laissée sur notre esprit, elle, va pourtant demeurer pour le reste de notre vie. Les pas qui nous ont menés à travers cette contrée durant quelques semaines ne représentent qu'une infime quantité comparés à ceux que les tribus maasaïs et leurs ancêtres y ont accumulés en conduisant leurs troupeaux depuis des millénaires. Ces pas demeurent indélébiles dans l'éternel rêve africain et les Maasaïs ont cherché avec entêtement à conserver intact leur héritage, demeurant visiblement confiants et certains de leur identité en tant que peuple. En vérité, nous n'avons été que des hôtes de passage, des invités à la table de ces gens si fiers, dont les coutumes et les traditions vont survivre et se perpétuer, même si la société dans laquelle ils évoluent vient un jour à disparaître.

Comme je l'ai écrit précédemment, ils sont autant une espèce en voie de disparition que le rhinocéros noir, et leur destin est inextricablement lié à celui de notre propre société. Nous, en Amérique, appartenons à une culture qui est jeune et naïve, en dépit de nos capacités d'innovation, de notre esprit d'entreprise et de notre génie technologique. À moins que nous n'apprenions de l'histoire des civilisations disparues que la synergie est la clé de la survie et que la sagesse doit être l'apanage des puissants, nous risquons nous aussi de devenir une comète qui brille un moment dans l'univers et se consume juste après. À mon humble avis, la survie du plus fort va céder la place à la survie du plus sage dans le cycle de la vie. Notre terre n'est pas appelée à devenir un projet d'étude scientifique pour les voyageurs interstellaires de l'avenir, comme l'est la planète Mars.

Puisque je demeure un éternel optimiste, je préfère voir mon verre comme étant presque toujours plein, plutôt qu'à moitié plein ou qu'à moitié vide. Je suis persuadé que nous allons finir par voir le reflet de notre propre arrogance dans le miroir et nous faire les serviteurs et les bergers de ceux dont la vie se trouve dans un état vraiment précaire, entraînant le nôtre par voie de conséquence. Je ne peux faire beaucoup plus que d'offrir l'exemple de mes propres actions dans l'espoir d'avoir ainsi une certaine influence sur ceux qui vont suivre la trace de mes pas.

Je ne veux pas faire de la politique ni blâmer les gouvernements actuels pour l'état dans lequel nous nous trouvons en ce moment. Je préfère m'en remettre à la définition maasaï de la motivation : «Lorsque le ventre est vide, on se met alors à réfléchir.» À mon avis, la source de nos principaux problèmes se trouve dans le fait que nous insistons plus que tout sur nos droits et que nous sommes obsédés par les plaisirs sensuels immédiats. Les immigrants fraîchement débarqués dans notre pays sont tiraillés par la faim et ont soif d'apprendre; ils sont disposés à étudier et à mettre les efforts nécessaires pour acquérir ce que nous avons défini précédemment par le biais de l'acronyme CASH, c'est-à-dire les connaissances, l'attitude, le savoir-faire et les habiletés, qui ont été depuis toujours les ingrédients de la réussite et du succès. Ceux qui sont nés en Amérique et qui ont joui des bénéfices d'une vie caractérisée par l'abondance depuis des années ont tendance à se reposer sur leurs lauriers et à sombrer dans l'apathie et l'égoïsme. Ils perdent leur capacité d'émerveillement, leur curiosité, leur désir de continuer à apprendre, leur intérêt pour le bien-être d'autrui et ils cherchent à mettre le blâme sur les autres pour justifier la médiocrité de leur situation personnelle.

J'ai passé le reste de la soirée à noter dans mon journal plusieurs des leçons que j'avais apprises dans ce paradis sauvage et certaines mesures à prendre pour en manifester l'évidence dans la manière dont je vais vivre ma vie à partir de ce jour. Dire que ce voyage m'a transformé est un euphémisme. Pour être plus précis, j'ai échangé mon ancienne identité pour une toute nouvelle, incluant une nouvelle capacité à ressentir les choses et à voir ce que je ne percevais pas auparavant ; à me mettre à entendre ce que je n'écoutais jamais ; à sentir d'autres odeurs que celles enfermées dans des flacons, provenant du fourneau ou émanant des pétales de fleurs ; à apprécier les textures avec une précision semblable à celle des gens atteints de cécité ; et à ressentir, dans mon propre cœur, ces vibrations à demi oubliées de l'amour et de la passion qui transcendent la plupart des interactions humaines. J'ai décidé de prendre le temps de vivre.

Prendre le temps de vivre

Le temps ne s'arrête jamais pour souffler un peu, il n'hésite pas et ne porte jamais son regard vers le passé ou vers l'avenir. Cet élément fondamental de la vie se déroule *maintenant*, en ce moment même –, ce qui explique pourquoi la manière dont vous utilisez le temps qui vous est dévolu a beaucoup plus d'importance que tous les biens matériels que vous pourriez jamais accumuler ou les statuts enviables que vous pourriez vous mériter.

La position que nous occupons n'est jamais durable, les biens que nous possédons vont et viennent, et il est toujours possible de faire plus d'argent. Vous pouvez renflouer vos réserves dans beaucoup de domaines, mais comme c'est le cas pour la santé, cette autre ressource si précieuse, le temps dépensé est à jamais perdu. Chaque hier, et tous les hiers réunis, échappent désormais à notre portée. En réalité, tout l'argent du monde ne saurait défaire ou refaire une seule de nos actions passées. Nous ne pouvons effacer un seul des mots que nous avons prononcés ; impossible d'ajouter un *je t'aime*, ou un *je regrette*, ou un *pardonne-moi*, et pas même le *merci* que nous avons omis de dire.

Le temps est la seule ressource et le seul don qui soit offert à tous sans discrimination, du moins pour ce qui est des journées et des semaines. Chaque être humain, quels que soient l'hémisphère et le fuseau horaire dans lequel se déploie son existence, reçoit précisément cent soixante-huit heures chaque semaine à utiliser. Les scientifiques et experts en électronique peuvent trouver le moyen d'accélérer la transmission de données pour accomplir des millions de transactions à la seconde, mais ils demeurent incapables de créer une seule seconde de plus.

Chacun d'entre nous semble ne jamais avoir assez de temps; toutefois, nous jouissons tous de tout le temps qu'il y a et qu'il n'y aura jamais. Il faudrait des centaines de vies pour accomplir tout ce dont nous sommes capables, mais nous n'en recevons qu'une seule en vue d'apprendre et d'expérimenter le plus possible et de faire de notre mieux. Si nous avions plus de temps à notre disposition, nous aurions moins besoin de livres comme celui-ci, moins besoin de planifier les choses et d'établir des priorités. Si nous avions l'éternité, nous pourrions probablement tirer notre épingle du jeu chaque jour et accumuler un immense savoir, même devenir des sages. Mais nous sommes strictement limités à ce cent soixante-huit heures (10080 minutes) qui représentent une semaine. C'est la raison pour laquelle Benjamin Franklin a souligné l'importance de ne pas gaspiller le «matériau précieux dont la vie est constituée».

Un des paradoxes de la vie est le fait que le temps se traîne lorsque nous sommes jeunes et semble s'accélérer à mesure que nous prenons de l'âge. Lorsque nous étions enfants, le voyage entre l'aéroport et Disneyworld semblait s'étirer à jamais. Il semblait y avoir une éternité avant que l'été et les vacances n'arrivent – de même que les anniversaires, jusqu'au vingt-et-unième, dont l'échéance nous avait toujours parue si éloignée, dans un avenir inimaginable. Puis, presque imperceptiblement au début, l'horloge a accusé une légère accélération. Le trentième anniversaire semblait arriver subrepticement, juste après le vingt-cinquième. Le quarantième s'est présenté sans crier gare, et sans que nous lui souhaitions une chaleureuse bienvenue. Les dix ans séparant la trentaine de la quarantaine – période durant laquelle nous avons vu les enfants grandir et devenir des adolescents, et où nous avons essayé de gravir tant bien que mal quelques échelons dans l'échelle sociale – ont semblé passer comme s'ils étaient trois ou quatre.

Une fois la quarantaine atteinte, j'ai commencé à percevoir le temps en termes de saisons. Il y avait un laps de temps entre la saison de ski jusqu'au printemps consacré au nettoyage, puis il y avait les voyages de l'été et les engagements de l'automne. Je vivais en essayant de reprendre mon souffle, gravissant des montagnes, subissant les assauts d'orages imprévus, jouissant de diverses expériences d'apprentissage et de croissance, avec le sentiment que six mois s'écoulaient aussi rapidement qu'une semaine. Une fois arrivé à la cinquantaine, j'ai compris, à travers diverses expériences personnelles, que le temps semble voler de plus en plus vite au fil des ans parce que nous comprenons combien il est précieux et rare ; nous apprécions énormément la part qui nous reste à vivre, comme s'il s'agissait d'une source précieuse d'oxygène s'échappant d'un ballon d'une beauté extraordinaire, qui ne peut être rempli de nouveau.

Beaucoup de gens vivent dans le passé, en souhaitant pouvoir renverser le cours du temps, surtout parce qu'ils souhaiteraient corriger certaines erreurs. La plupart des gens vivent dans l'avenir, dans l'attente de certaines choses et s'inquiétant au sujet de ce qu'ils souhaitent obtenir et ne peuvent pas pour l'instant – au lieu de profiter pleinement de ce qu'ils ont et de faire ce qu'ils peuvent faire aujourd'hui, mais se refusent à faire. Ils remettent constamment à plus tard l'occasion de jouir du bonheur et de la plénitude. Toutefois, nous ne pouvons revivre le jour d'hier et nous ne devons pas gaspiller celui d'aujourd'hui à attendre que vienne un meilleur demain. Seuls les gestes que nous posons ici et maintenant peuvent nous donner accès aux réelles promesses de l'avenir. Nous ne pourrons profiter demain du temps qui nous est offert aujourd'hui.

Lorsque nous n'avions que cinq ans, une année représentait vingt pour cent de notre vie entière. Une fois dans la cinquantaine, elle représente deux pour cent, ou un cinquantième de notre expérience de vie. C'est la raison pour laquelle les vacances semblaient mettre une éternité avant de se pointer le bout du nez, lorsque nous étions à l'école primaire –, et aussi celle pour laquelle à cinquante ans, alors qu'une année ne représente qu'une faible portion du temps que nous avons déjà vécu, cette dernière semble s'être écoulée en un clin d'œil. Cette réalité me fait penser à une cassette vidéo que l'on rembobine et qui roule à une vitesse de plus en plus folle, au fur et à mesure qu'elle arrive près de la fin. C'est ainsi que se déroule le temps qu'il nous reste et qui diminue sans cesse.

Prenez le temps d'écouter le chant du rossignol chaque matin.

Prenez le temps d'apprécier l'odeur des roses le long du chemin.

Avant de partir, dites simplement : «Tu es un(e) bien-aimé(e)»

À celui ou à celle que vous connaissez.

Prenez le temps d'admirer un coucher de soleil

Et de vous réjouir de ses reflets vermeils.

Grimpez au sommet d'un arbre avec les enfants cet été.

Explorez chaque route secondaire que vous pouvez trouver.

Prenez un moment quel que soit votre âge,

Pour construire votre propre château de sable sur la plage.

Prenez le temps de parcourir chacun des sentiers

qui serpentent à travers la montagne, chaque fois que vous le pouvez.

Prenez le temps de vous amuser, votre travail est-il si important ?

Prenez congé cet après-midi, laissez-là ce qui vous semble urgent.

Promenez-vous avec un être cher, main dans la main.

Prenez le temps d'admirer la lune qui brille dans son écrin.

Ne laissez pas la minute présente vous échapper

Car trop vite s'envoleront vos années.

Faites de chacune de vos journées, une excursion de safari

Avant qu'elle ne s'enfuie, comme un fauve dans la nuit.

Prenez le temps de profiter pleinement du reste de votre vie.

Personne ne peut prétendre que les choix que nous avons à faire au quotidien sont faciles. Je n'oublierai jamais la phrase d'introduction de l'ouvrage extraordinaire de Scott Peck, *Le chemin le moins fréquenté*, qui lui a été inspirée par la lecture du poème de Robert Frost, *The Road Not Taken (La route non empruntée)* et qui se résume aux quatre mots suivants : «La vie est difficile». Il ne fait aucun doute que celle-ci ait toujours été difficile de bien des manières, mais il semble que certaines époques sont plus ardues que d'autres et que l'Amérique a connu des périodes plus faciles et plus heureuses que maintenant. L'augmentation de la violence est inquiétante, non seulement celle qui est causée par la montée du terrorisme venant de l'extérieur, mais également celle qui émane de l'intérieur de nos frontières, dans nos cités, nos banlieues, nos écoles et nos rues ; celle qui sape les bases de notre vie de famille, altère notre sens des responsabilités et détruit notre culture.

Plusieurs de nos enfants semblent portés à vivre dans un monde caractérisé par une anarchie revendicatrice continuelle, avec tout ce que cela implique pour la société en général. Il y a là raison de nous inquiéter pour leur avenir, et pour celui des autres enfants également. La confusion est endémique, les tempéraments sont exacerbés, les relations tendues, et l'optimisme si caractéristique des Américains en général, est en train de s'effriter. La sécurité économique, celle de l'intérieur du pays comme celle touchant tous les domaines d'activité, est en train de disparaître. Toutes ces craintes exprimées sont justifiées, et la situation mérite notre attention, car elle est inquiétante, mais elle offre également, par ailleurs, de merveilleuses occasions de croissance et de dépassement personnels, de même que des perspectives inégalées de réussite.

Au fur et à mesure que nous avançons en âge, nous comprenons que certaines situations ne méritent pas que nous nous mettions en nage pour elles. C'est pourquoi nous devons choisir nos batailles avec soin, tout comme nous devrions mettre beaucoup de soin à choisir les chemins que nous empruntons. Quelle est la route la meilleure ? Comme le souligne Robert Frost dans son poème, c'est celle qui était la moins fréquentée qui a fait la différence dans sa vie. Si c'est le type de chemin que vous avez choisi – peu importe que vous soyez en train d'y foncer à la vitesse d'un guépard, d'y peiner en avançant à pas de tortue vers le sommet, ou de vous y reposer un moment, histoire de reprendre votre souffle – vous savez que la vie n'est pas un livre qui est terminé une fois qu'on a lu les dernières pages.

Les individus qui sont sur la route la moins fréquentée se montrent généreux envers les autres parce qu'ils sont pleinement conscients de leur valeur
personnelle et n'ont pas besoin de se cacher derrière un masque. Ils sont
capables de donner de leur personne librement, sans se sentir diminués. Ils
savent que la seule chose qu'ils peuvent vraiment conserver est ce qu'ils sont
prêts à offrir aux autres sans réserve. Ces voyageurs savent également qu'on
ne peut jamais être certain de ce qui nous attend au prochain tournant de la
route. C'est pourquoi ils avancent, animés d'une confiance paisible, en faisant
un pas à la fois, une journée à la fois, et tendent la main à chaque personne
qui se présente à eux – en commençant par les membres de leur propre famille, leurs voisins et leurs compagnons de travail.

Estimez-vous que la qualité d'un voyage soit aussi importante que son
résultat ? Votre définition de la réussite consiste-t-elle en un million de dollars à
la banque et en un coffre-fort rempli d'actions dont la valeur monte en flèche, ou
caractérise-t-elle plutôt l'aventure exaltante d'accorder avant tout de la valeur
aux personnes et au monde précieux et naturel qui vous entourent, c'est-à-dire
les membres de votre famille immédiate et ceux que vous pouvez aider à atteindre les objectifs qu'ils se sont fixés ?

Si vous pouviez équilibrer les exigences de votre vie professionnelle et
personnelle en incluant des activités à l'extérieur de ces deux univers, que
choisiriez-vous alors ? Investir davantage de temps à faire la lecture aux personnes âgées dans un centre d'hébergement pour retraités ? Faire plus de balades
sur la plage ou dans un parc ? Partir au Kenya pour un safari ? Vous engager
comme bénévole dans un projet visant à informer les adolescents des dangers
associés à la consommation de drogues ?

Il est facile de conserver une perspective étroite, restreinte des choses dans
ce domaine et d'oublier que la vie – incluant notre argent, une maison, des
bijoux et des antiquités – est un bien que nous ne possédons jamais réellement.
Toutes ces richesses nous sont simplement confiées avec le privilège d'en jouir
pour un moment, le temps de quelques saisons, après quoi il nous faudra les
passer à ceux qui suivront pour qu'ils en prennent soin à leur tour. Je n'oublierai
jamais le fait que pour les Maasaïs, la terre appartient à Dieu parce que c'est lui
qui l'a créée. Comment est-ce possible de posséder quelque chose dont vous
faites partie ? Comme ils sont bergers pour la plupart et qu'ils se déplacent
constamment avec leurs troupeaux, les Maasaïs se perçoivent également comme

ayant la responsabilité de prendre soin de la nature, car ils ont compris que puisque les animaux sauvages ont eu la liberté de se déplacer sans cesse dans leurs migrations depuis des millénaires, eux aussi jouissaient également de la même liberté. Ils voient leur territoire comme une ressource à leur disposition, mais non comme un bien qu'ils possèdent.

Quoi que vous fassiez, quel que soit votre domaine d'activité, votre plan d'affaires ou votre projet de vie personnel, demandez-vous quelle influence votre démarche aura sur autrui. Êtes-vous en train de planter des arbres qui procureront de l'ombre aux générations qui vont suivre, et sous lesquels vous n'aurez jamais le plaisir de vous asseoir? Comment peut-on trouver ces chemins peu fréquentés? Ils ne se découvrent pas dans un atlas ou dans une brochure d'agence de voyages. La chose exige plus d'efforts, mais elle est en même temps plus simple. Ce sont des sentiers que vous devez tracer vous-mêmes, ceux qui conduisent à votre propre être, à qui vous êtes vraiment. Et d'une manière ou d'une autre, c'est sur le sentier que vous avez tracé vous-mêmes que vous allez devoir voyager.

La réalité est que mon temps est en train de s'écouler. J'ai déjà vécu bien plus longtemps que ce qui me reste à parcourir. C'est la raison pour laquelle il me faut chercher encore plus ce chemin moins fréquenté, en gardant bien en vue certaines de mes priorités. Je veux mettre davantage d'efforts à me réjouir de l'effet d'entraînement qui résulte du désir de vouloir faire une différence dans ce monde. L'image des cercles concentriques qui se multiplient à l'infini lorsqu'une pierre est jetée dans un étang est appropriée pour décrire le phénomène en question. Pourquoi ne pas décider de commencer dès aujourd'hui à déclencher l'ondulation de vos propres vagues sur la surface de ce monde? La plus insignifiante de vos actions ne risque-t-elle pas d'avoir une influence salutaire sur tel ou tel membre de votre famille, tel ami, tel collègue, un animal ou même un pur étranger?

Nous ne pourrons jamais insister assez sur la vérité suivante: la réussite ne dépend pas vraiment de la somme d'argent que vous avez accumulée à la banque ou de la quantité de choses que vous possédez. La véritable récompense pour vos efforts sera directement liée à la sagesse avec laquelle vous faites usage du temps qui vous est alloué, et à l'intérêt que vous portez au maintien de votre propre santé, deux richesses qui s'envolent pour toujours lorsque nous les gaspillons. Ce n'est qu'en prenant soin de ces deux éléments essentiels de la vie que celle-ci reflétera l'équilibre, et que vous serez en mesure de rendre moins chaotique votre parcours dans le safari menant à la plénitude.

J'ai dressé une liste de choses auxquelles je consacrerai davantage d'énergie – ou moins, selon le cas – dans l'avenir :

Rire davantage de mes propres infortunes et moins des malheurs qui arrivent aux autres. Prendre l'habitude de compter les bénédictions dont je suis l'objet, et dépenser moins de temps à examiner mes imperfections à la loupe.

Consacrer davantage de temps à m'amuser avec mes enfants et mes petits-enfants, et moins de temps à observer la performance des athlètes professionnels. Davantage de temps également à jouir de ce que je possède et moins de temps à m'en faire au sujet de tout ce que je ne possède pas.

Ne pas avoir peur de sortir sans parapluie lorsqu'il pleut et moins prêter attention aux prévisions météorologiques. Consacrer davantage de temps aux activités de plein air en Afrique de l'Est et moins de temps dans les gratte-ciel et les mégapoles.

Surveiller davantage mon alimentation, opter pour tout ce qui est sain et délicieux, et utiliser l'argent économisé pour nourrir un enfant affamé.

Consacrer davantage de temps à écouter et moins à parler, de manière à mieux comprendre autrui au lieu de ressentir le besoin constant d'être entendu. Investir davantage de temps à regarder les arbres et à y grimper, et moins de temps à feuilleter les revues fabriquées avec des résidus d'arbres morts.

Sentir plus souvent le sable qui passe entre mes orteils et moins souvent celui qui enroue les engrenages et brise les amitiés.

Passer plus de temps à me prélasser dans la baignoire et moins utiliser la douche. Rechercher davantage la compagnie des aînés et des animaux, et passer moins de temps avec des étrangers dans les clubs sociaux et les soirées.

Chercher à cultiver une certaine candeur et une jovialité enfantines dans mes rapports avec autrui, à l'instar de mes enfants et de mes petits-enfants, au lieu d'adopter les attitudes des gens de mon âge. Donner aux miens davantage de câlins et moins de conseils.

Consacrer davantage de temps à profiter pleinement du moment présent et moins de temps à ressasser de vieux souvenirs, et à attendre que les choses changent. Devenir plus conscient des valeurs fondamentales qui sont les miennes et de ma mission dans la vie, et moins me préoccuper des raisons pour lesquelles je pourrais ne pas me montrer à la hauteur.

Sourire davantage et moins faire la moue. Exprimer mes sentiments davantage et moins chercher à impressionner mes amis et les voisins.

Pardonner davantage aux autres et leur demander davantage pardon. M'abstenir de prononcer des paroles de malédiction à l'égard de mes adversaires. Mais par-dessus tout, me montrer plus spontané et actif, moins hésitant et paralysé par la peur.

Lorsqu'une super idée jaillit ou que la possibilité d'une aventure extraordinaire se présente – sous la forme d'un safari quelconque, d'une rencontre de parents à l'école, d'une partie de cache-cache, d'une occasion de régler un problème au travail, de donner satisfaction à un client mécontent ou de chercher à connaître ou à comprendre une personne dont l'apparence ou les convictions diffèrent totalement des miennes, d'une promenade dans une charrette à foin, d'une invitation à faire un bonhomme de neige, à faire disparaître d'affreux graffitis en les recouvrant d'une couche de peinture, à admirer une éclipse lunaire ou un double arc-en-ciel – je veux me montrer plus disposé à sauter sur mes pieds et à répondre avec enthousiasme : « D'accord, allons-y ! »

Je veux m'engager à vivre de cette nouvelle manière au quotidien. Je ne pourrai jamais retrouver les occasions manquées, mais j'ai au moins le temps qu'il me reste à vivre.

J'ai déposé mon stylo et j'ai pris une gorgée de thé glacé en observant les grandes et faciles enjambées de John Sampeke, qui s'est approché de ma tente à travers les herbes hautes devant ma véranda, plutôt que d'emprunter le sentier de terre dont le tracé suivait une longue courbe.

« Je vous ai aperçu avec mes jumelles durant ma promenade à travers les buissons et je me suis demandé pourquoi vous êtes demeurés ici devant votre tente la journée entière », a-t-il dit en ayant l'air préoccupé. « Est-ce que quelque chose ne va pas ? »

« Pas du tout. Tout baigne vraiment, John, je vous assure. Je ne me sens tout simplement pas encore prêt à quitter l'endroit demain matin », ai-je répondu.

« Qu'avez-vous écrit, au juste, dans ce foutu journal personnel, Denis, a-t-il demandé. Ce doit être certainement important pour vous captiver davantage que la nature sauvage qui nous entoure. »

« J'essaie de réfléchir à la manière de rédiger la conclusion de mon livre, de sorte que le lecteur éventuel puisse saisir ce que cette connexion entre le passé et le présent signifie vraiment. Les mots me semblent actuellement si inadéquats. » Je lui ai montré mon poème sur le thème de *Prenez le temps de vivre*. Il a dit que ce qu'il aimait le plus était l'allusion aux couchers de soleil et à la lune qui brille comme un bijou.

« Laissez votre journal pour un moment et suivez-moi », a dit John, en regardant sa montre. « Il est actuellement 17h30. Nous avons tout juste le temps. »

« Le temps de quoi ? » ai-je rétorqué en le suivant, tandis qu'il courait à toute vitesse vers la Land Rover. « Pas si vite. C'est difficile de vous suivre à une telle altitude », ai-je dit pour me plaindre.

« C'est la raison pour laquelle vous devriez revenir ici chaque année, pour vous remettre en forme. Vous avez à peine survécu à notre randonnée au-delà de cette petite colline, l'autre jour », a-t-il répondu en souriant.

« La petite colline !, ai-je renchéri. Les pistes de ski où je fais mes descentes sont moins escarpées que cela ! »

Nous avons continué à nous taquiner ainsi et à rigoler tout le long du trajet à travers la Mara, en cet après-midi tardif, à distance de vingt mille kilomètres de chez moi. C'était notre dernière randonnée avant mon voyage de retour vers le petit aéroport, tôt le lendemain matin, et je me demandais bien où nous nous dirigions, et pourquoi.

John a partagé avec moi de nombreux proverbes et récits vieux de plusieurs siècles, qui lui avaient été transmis par les anciens de son village afin qu'il les transmette à son tour à la prochaine génération. Je n'avais pas vraiment saisi que beaucoup d'éléments de l'histoire africaine ont été transmis sous la forme de récits échangés de bouche à oreille et que ce n'est que tout récemment que cette histoire se présente sous une forme écrite.

« J'ai beaucoup aimé quand vous avez mentionné que la jungle est *neutre* » a souligné John, tandis que nous nous acheminions dans une direction que je n'avais pas eu l'occasion de visiter au cours de nos sorties précédentes avec ma famille. « J'espère que vous allez ajouter cela dans votre livre. Il est également vrai qu'un guide ne se laisse jamais troubler par la peur, à cause de ses connaissances et de son expérience, et que les touristes sont facilement effrayés parce qu'ils manquent de connaissances, de savoir-faire et d'entraînement. Même après une seule semaine, j'ai pu constater à quel point les membres de votre famille étaient devenus plus sereins, une fois qu'ils ont commencé à apprendre à distinguer ce qui est vraiment dangereux de ce qui ne l'est pas, et ce qui permet de demeurer en vie », a-t-il conclu.

« Hé ! John, on dirait que vous vous exprimez de plus en plus comme un intellectuel. Si vous ne faites pas attention, vous allez bientôt vouloir troquer votre toge rouge pour le trois-pièces de chez Armani, avec la mallette », ai-je ajouté pour le taquiner.

« N'ayez crainte, a-t-il répondu. Le prix d'un costume Armani serait suffisant pour nourrir un village maasaï durant au moins trois mois ».

Lorsque nous avons abordé le sujet de ce que j'estimais être les trésors de sagesse que j'avais acquis durant mon séjour au Kenya et au fil de ma vie – ce qui semblait susciter un certain intérêt chez lui, puisque je m'étais baladé çà et là pendant au moins vingt-cinq ans de plus que lui –, j'ai réfléchi un moment avant de répondre et j'ai dit que l'un des proverbes les plus percutants que j'avais appris et cherché à mettre en pratique m'avait été présenté dans l'ouvrage bien connu de Reinhold Neibuhr, *La prière de sérénité*, rédigé en 1932, dans la conclusion d'une prière plus longue encore.

Ô Dieu, accorde-moi de goûter la sérénité intérieure,
D'accepter les choses que je ne peux changer,
Et le courage de changer les choses que je peux changer ;
Et la sagesse d'en connaître la différence.

J'ai dit à John que j'utilisais ce proverbe au cours de mes ateliers de gestion et de mes exposés sur le thème de «L'attitude d'un gagnant», offerts à une clientèle composée des cadres d'entreprises parmi les plus éminents, de même qu'au grand public, et cela, depuis plus de trente ans. Comme nous approchions de notre destination, je lui ai fait part de ce que ces paroles signifiaient pour moi.

Accepter ce qu'on ne peut changer

C'est-à-dire tout ce qui s'est déjà produit dans le cours de l'histoire. Nous pouvons interpréter ces événements de bien des manières, mais nous sommes incapables de les changer. La sérénité s'installe lorsque nous apprenons à transformer nos échecs en terre fertile, les pierres d'achoppement en tremplins, les malchances en occasion d'apprendre. Il n'y a pas d'avantages réels pour nous à chercher à nous venger ou à nous faire justice nous-mêmes. La vengeance est animée par une énergie négative qui n'engendre, hélas, que le désespoir et davantage d'échecs. La réussite devant les aléas de la vie, malgré la pression des prophètes de malheur et des détracteurs qui nous entourent, est la seule manière de répondre à l'injustice et de renverser un tort. Il va sans dire qu'il est normal de nous défendre lorsque notre vie est menacée d'une manière ou d'une autre, mais nous devrions faire preuve de sagesse en identifiant quels sont nos véritables ennemis et en mesurant les répercussions de nos actions et de nos réactions sur autrui.

Changer ce qui peut être changé

Le seul véritable pouvoir dont nous jouissions par rapport aux aléas de la vie, se trouve dans notre manière de répondre à ce qui nous arrive et de savoir prévoir ce qui se produira dans l'avenir, de même que dans les choix et décisions qui sont les nôtres au quotidien. C'est pourquoi les connaissances, l'attitude, le savoir-faire et les habiletés doivent nous être communiqués et transmis par des personnes de confiance, mentors, modèles et entraîneurs, dont la conduite, le caractère et les attributs professionnels méritent notre désir d'émulation. Nous gaspillons beaucoup trop de temps à attendre que les autres changent autour de nous, lorsque la responsabilité nous en revient: c'est à nous de changer ce que nous faisons, ou ne faisons pas, de manière à exercer une influence salutaire sur ceux qui nous entourent et les inciter à suivre nos traces. Le véritable courage réside dans la capacité à nous montrer prêts et flexibles devant toute forme de situation imprévue.

Prendre nos distances par rapport à tout ce qui est inacceptable

Un des défis associés au besoin de conserver une certaine sérénité et de faire preuve de sagesse et de courage dans telle ou telle circonstance, consiste à savoir quand il nous faut *lutter*, *persévérer*, ou *nous enfuir*. Être en mesure de prévoir ce qui pourrait devenir une situation potentiellement dangereuse et parvenir à l'éviter constitue le signe d'une maturité véritable et de maîtrise de soi. Les personnes sages sont celles qui savent changer d'itinéraire, de direction, de lieu ou d'environnement au besoin; elles changent leurs plans, leur manière d'agir, leur comportement, les gens qu'elles fréquentent en tant qu'amis, groupe de pairs ou qu'elles admirent, de même que les choix qu'elles font et les réactions qu'elles ont. Pour cela, elles se fient à leur évaluation d'une situation comme étant potentiellement dangereuse ou non, productive ou stérile, parce qu'elles savent reconnaître pour elles-mêmes la valeur de vertus telles que la patience et la persévérance, devant les préjugés, l'ignorance et l'entêtement.

John était d'accord avec moi pour dire que la prière de sérénité contenait les ingrédients de base de tout ce qu'il avait appris en tant que guerrier maasaï, aîné novice de son village et guide de safari dans le territoire de Maasaï-Mara, au Kenya. Je me suis souvenu, tandis que nous descendions de la Land Rover, du fait qu'il avait obtenu le résultat le plus élevé en tant que guide, à la fin de sa formation professionnelle. Qui étais-je pour faire la leçon à quelqu'un qui vivait au quotidien ce dont je ne faisais que discuter? J'ai secoué la tête et j'ai suivi mon ami jusqu'au milieu de nulle part.

Quel spectacle époustouflant! Aucun édifice, pas une seule personne, aucun véhicule, ni avion, pas de smog, ni de cacophonie de bruits divers. Le silence total à l'exception d'un zèbre, d'un gnou ou d'un oiseau de proie qui appelle l'un des siens. Nous avions aperçu quelques lions le long du chemin, et ils continuaient à se reposer sous les oliviers. J'imagine que je ne serai jamais rassasié d'observer le comportement des lions, quel que soit le nombre de fois où je visiterai leur territoire magique. Les lions se fondent dans leur environnement d'herbes hautes et deviennent impossibles à distinguer. La végétation a besoin de pluie pour croître. Le rythme de croissance de celle-ci, dépendant de la pluie, détermine en quelque sorte le nombre d'herbivores qu'elle est en mesure de soutenir. Ces derniers, en retour, déterminent le nombre de prédateurs capables de survivre. C'est ainsi que le cycle se répète inlassablement, de concert avec les grandes migrations, dans le cercle de la vie depuis toujours. La semence, la jeune pousse, le bourgeon, le fruit, puis la semence de nouveau. Chacun de nous étant le fruit de la terre et lié inextricablement à elle.

Je n'arrivais pas à comprendre pourquoi John m'avait emmené faire une heure de voiture jusqu'au centre même de la propriété des Cottar, dans le territoire de Maasaï-Mara. J'ai regardé vers le nord, puis vers l'est, le sud et l'ouest. Je ne voyais que des montagnes ayant une couleur se situant entre le bleu et le vert, et la plaine, qui brillait comme du safran et s'étendait à l'infini. Quelle que soit la direction où je plongeais le regard, je n'arrivais pas à trouver le moindre point de repère. Je me disais que si j'avais commencé à marcher, j'aurais pu continuer ainsi durant des années sans jamais parvenir à un endroit habité.

«Ne vous avisez pas de me jouer un mauvais tour en me demandant de retourner à Nairobi par mes propres moyens, John! ai-je dit en souriant. J'y renonce. Il semble évident que vous m'avez emmené jusqu'ici pour observer les animaux sauvages ou étudier la nature.»

À 18 h 20 exactement, en cet après-midi du mois d'août, John m'a initié à une sorte d'ancien rituel maasaï. Il m'a dit de me tenir debout, face vers le nord et de fermer les yeux. Il m'a ensuite demandé de tendre les deux bras, le gauche complètement parallèle au sol et dirigé vers l'ouest; le droit complètement parallèle au sol et dirigé vers l'est. Il m'a ensuite demandé de tourner le bras gauche de manière à ce que la paume de ma main, les doigts serrés formant comme une sorte de nageoire, soit dirigée vers le sol, et de tourner le bras droit de manière à ce que la paume de ma main, les doigts serrés comme une sorte de nageoire aussi, soit dirigée vers le ciel.

«Maintenant, ouvrez les yeux, a dit John, tout doucement. Poussez tranquillement votre paume gauche vers le bas et en même temps, votre paume droite vers le haut.»

Il fallait être là pour le croire. Portant mon regard vers l'ouest, j'ai vu ma main gauche se mettre à pousser lentement vers le bas la plus énorme des boules enflammées, une sorte de melon rose suspendu dans le lointain horizon. Comme il n'y a rien qui puisse obstruer la vue, ni nuages d'aucune sorte pouvant altérer le spectacle de l'azur, et comme la terre semblait s'étendre sans aucune aspérité sur des centaines de kilomètres dans toutes les directions, le soleil paraissait avoir pris des proportions considérables. On aurait dit le plus gros ballon dirigeable au monde en train de descendre lentement vers le sol, brûleurs éteints. J'avais admiré bien des couchers de soleil du haut d'une montagne ou sur les océans, mais ce spectacle absolument magnifique m'a littéralement coupé le souffle. Je ne parvenais même pas à dire: «Wow!» J'en demeurais bouche bée.

Puis, j'ai porté mon regard vers l'est tandis que je levais ma paume tendue vers l'horizon. Je doute pouvoir vivre suffisamment vieux pour jamais ravoir la vision que j'ai eue alors. Je tenais dans la paume de ma main, en la soulevant lentement vers le ciel la plus gigantesque pleine lune, d'un jaune clair sur fond azur, que j'avais jamais vue de ma vie. Je ne savais plus où regarder, à l'est ou à l'ouest, parce que je ne voulais rien rater de ce moment magique et de cette expérience sublime.

Tandis que je poussais sur le soleil, loin à l'horizon du côté ouest, les acacias et les oliviers ont commencé à projeter leurs ombres grandissantes; dans le crépuscule qui allait en s'assombrissant, les plaines aux alentours revêtaient le pelage du léopard ou du guépard, affichant des teintes dorées, parsemées de petites taches et mouchetures foncées; les arbres et les buissons prenaient l'aspect de silhouettes à mesure que les couleurs changeaient, comme si je regardais à travers un kaléidoscope rempli de papiers de couleur, tandis que de minces filets de nuages très haut dans le ciel captaient les derniers rayons de l'astre resplendissant en train de terminer sa journée de travail.

Alors que je soulevais cette pleine lune d'Afrique de l'Est, chatoyante et parfaite au-dessus de la terre, elle illuminait la section est de la Mara en créant un effet totalement différent. C'était là un spectacle véritablement enchanteur; il n'y a rien à dire de plus. J'étais complètement subjugué, ému jusqu'aux larmes, littéralement envoûté.

J'étais venu jusqu'en Afrique pour remplir une promesse. J'allais maintenant quitter l'Afrique connecté à ma propre source de vie, mon âme.

Tout au long de ma vie, j'ai souvent entendu des femmes et des hommes remplis de sagesse, affirmer que nous sommes uniques parce que notre âme est éternelle et qu'elle demeure vivante après notre mort. À cet instant, je suis devenu conscient que mon âme peut révéler sa présence tandis que je vis. L'âme est l'essence qui nous procure la capacité de faire l'expérience de l'incommensurable beauté, par le biais de chacun de nos sens, et d'en goûter le bonheur dans chaque fibre de notre être.

En tant qu'ancien combattant, formé pour demeurer insensible à toute émotion lorsque je prenais place à bord d'un avion à réaction en train de décoller d'un porte-avion pour défendre ma patrie contre l'agresseur, dans le lointain passé, j'ai découvert que, soit le poids des années, soit la fibre poétique de mon être avaient fini par arracher mon armure; et je suis demeuré là, les larmes aux yeux, à regarder mon ami et guide, John, tandis que je me mordillais les lèvres avant de dire: «Merci, mon pote! Tu es comme un frère.»

John a souri et a mis son bras autour de mon épaule en disant: «Je t'aime aussi, mon frère».

C'est ainsi que nous sommes, avons été et serons à jamais. Au présent, dans le passé et dans l'avenir. Reconnectés.

ÉPILOGUE

Une invitation

Au cours de mon retour vers l'Afrique de nouveau..., en compagnie d'êtres chers.

En contemplant la Création
Pour découvrir le pourquoi des choses, pour savoir qui vous êtes,
Et pourquoi la vie s'illumine puis disparaît tout à coup sans raison
Comme une étoile filante s'élance et puis s'arrête,

Apportez vos méditations jusqu'au paradis
En cet Éden qui a vu l'origine de l'humaine nature.
Fusionnez le passé en vivant pleinement votre vie
Dans les bras accueillants du Créateur de la nature.

Racontez aux lions tous vos combats,
Dites-les aux éléphants et à tous les oiseaux.
Communiez avec eux ici dans le silence des bois
Dans la migration continuelle des grands troupeaux.

Goûtez pleinement le privilège de savoir
Que votre être a sa place dans le chant de l'univers,
Et que l'harmonie règne vraiment ici, soir après soir,
Sur cette terre à laquelle vous apparteniez déjà hier.

Votre religion ne fait aucune différence, en réalité,
Car le Maestro accueille quiconque vient à lui.
Vous vous tiendrez plus près du Sauveur de l'humanité
En ce lieu sauvage plus qu'en tout autre lieu saint ou béni.

Écoutez le bruit du vent dans les acacias verdoyants
Et vous disant : « Bienvenue, l'ami, te revoici à la maison ».
Goûtez la féerie des tout premiers commencements
Là où le récit se perd au-delà des générations.

Lorsque vous cherchez à combler votre vide intérieur
Dans votre quête incessante de réussite, de bien-être,
Venez ici vous reposer un peu et goûter le bonheur
En écoutant la musique émanant du creux de votre être.

Vous trouverez des réponses à toutes vos questions
En étant libérés des peurs profondes, insoupçonnées,
Qui affectent votre avenir et, comme de raison,
Vous concernent bien au-delà de la fin de vos années.

La vérité trop souvent nous échappe, nous dépasse,
Quels que soient les efforts ou sueurs que nous y mettions.
Elle nous visite alors par une sorte de révélation, de grâce,
Et se tenait pourtant là, devant nous, sans que nous l'apercevions.

Je croyais être un homme sage, une personne avisée.
Mais je ne suis qu'un novice, il n'y a rien de plus certain,
Qui ne fait que commencer à comprendre sa propre destinée,
Le chemin menant à l'amour sincère, à ce qui est pur et bien.

Je ne suis qu'un modeste instrument qui respire et qui vit,
Un parmi tant d'autres, un parmi des milliards,
Qui joue avec passion la partition qu'est sa propre vie,
En laissant quelques notes sur une page de l'Histoire.

Venez avec moi au Kenya si le cœur vous en dit.
Laissez vos masques et vos affaires derrière.
Voyagez léger, sans agenda, sans soucis.
Il suffit d'avoir le cœur léger, l'esprit ouvert.

Vous découvrirez dans la vaste plaine, l'immense étendue,
Que vous faites partie de l'ensemble, que vous y êtes connectés.
Vous trouverez paix intérieure, beauté et salut,
Dans ce safari pour l'âme, ce voyage enchanté.

NOTES

1. Saitoti, Tepilit Ole, *Maasai* (New York: Abrahams, 1980), p. 25.
2. Dov, Pereta,Elkins, *Glad to Be Me*, (New York: Prentice-Hall, 1976), pp. 28, 29.
3. Col. F. Spencer Chapman, *The Jungle is Neutral* (New York: W. W. Norton & Co. Inc., 1949).
4. CASH référant à KASH, un acronyme créé par Harold Hook, fondateur du système de communications Modelnetics.
5. Rheinhold Neibuhr, *The Serenety Prayer*, New York, 1932.

TABLE DES MATIÈRES

Rédigé à l'aide des polices Times,
Westwood, Bellevue et Zaft Dingbat.

Imprimé sur papier recyclé Enviro crème
chez AGMV Marquis, Montmagny,
(Québec), fin décembre 2004.